你需要的
不是堅強，
而是
不再假裝沒事

만일 내가 그때 내 말을 들어줬더라면

예일대 정신과 나종호 교수의 자기 공감 수업

羅鍾浩나종호——著

蔡佩君——譯

If Only I Had Listened to Myself Then

推薦序

羅鍾浩教授的《你需要的不是堅強，而是不再假裝沒事》，超脫了自我成長書籍和散文的藩籬，滲透進了讀者的內心。作者毫不保留，闡述年輕時期的他所經歷的痛苦。當年的他看似擁有羨煞旁人的一切，然而焦慮和恐懼的陰影卻籠罩著他。書裡的口吻，就彷彿是在和老友傾訴的真情告白。

本書結合了精神科醫師的專業，以及作者身而為人的坦率，不管是看待自己或對待他人，都為讀者帶來了嶄新的視角。「我們的存在之所以美麗，是因為我們的不完整。」他讓肩負重擔、認為自己必須「完美無缺」的現代人，得以用新的角度看待這個世界。

本書的另一個過人之處在於，它講述的內容遠超乎於個人經歷，更精準剖析出了我們社會（韓國）根本性的問題。例如，作者對於自殺問題的見解，就像一縷光芒，照亮了黑暗的現實面。

展現「脆弱」的勇氣、和他人真正的連結、同理的力量，作者傳達的這些訊息，在現代社會裡更顯得熠熠生輝。如他所述，如果我們都能成為彼此的一本「書」，我們的社會將會是一座更溫暖、更具包容性的院落。《你需要的不是堅強，而是不再假裝沒事》是一份珍貴的禮物，它傳遞著現代社會最需要的同理與連結。

鄭熙元，首爾峨山醫院老年內科教授

羅鍾浩醫師，在住有八萬多位露宿者的紐約，接受過精神科急診室的鍛鍊，他用自己的脆弱，吸收大城市底下弱勢者的故事。他相信醫生的專業來自於個案的信任，即便身為一位專家，知道如何用醫學的方式解決問題，但他並不認為個案是需要被救助的「問題人士」。他感謝每一位個案的存在，對他們懷抱著平等的態度，讓他成為了一位「與眾不同」的醫師。

我從羅鍾浩醫師深邃又善良的雙眸中，感受到了滿滿的關愛。這證明了長時間以來，他不只是解決問題的醫師，更是懂得同理的陪伴者。他雖然功成名就，卻沒有壓抑成就中伴隨著他的「內在脆弱」，讓他成為痛苦之人值得信賴的夥伴。

《你需要的不是堅強，而是不再假裝沒事》是一本有關「鼓起勇氣，擁抱脆弱」的書籍，也是充滿希望的臨床紀錄，記載了在這個只追求幸福與完美、令人窒息的世界上，如果你願意把自己的「憂傷」與「焦慮」攤在陽光下，會帶來什麼樣的變化。感謝羅鍾浩醫師願意率先分享他的脆弱，以及他年輕的時候，每時每刻都在惴惴不安的「廣泛性焦慮症」時期，還有他作為一位亞洲移民者所經歷過的認同強迫症時期，與其他讓人深感共鳴的回憶。

如果說，羅鍾浩醫師的前作《紐約精神科醫師的人類圖書館》（暫譯）像是一位心思細膩的孩子，因擔心自己生病的友人，所寫下的日記；那麼《你需要的不是堅強，而是不再假裝沒事》就是一位純真的青年，用自己的人生當作題材，所寫下的真情處方箋。羅鍾浩醫師在朋友和醫師之間的身分游移，他樸實無華的語氣，不帶有任何偏見，鮮活了這本書裡的字字句句。這本書推薦給想踏上精神科醫師之路的年輕人，也推薦給所有因為無法得到接納而徬徨若失的孤單靈魂。

金智秀，韓國資深記者、暢銷書作家

「坦白，充滿了力量。」

這是我在閱讀這本書的過程中，出現的第一個想法。看似完美無缺的精神科醫師，他的真情告白帶給了我們安慰和勇氣。

我們被現實所苦，暗自神傷。每當我們覺得活著好累，事事不如意的時候，總會貶低自己、自我責怪，質疑自己為什麼別人都挺過來了，自己卻站不起來，甚至對此感到憂鬱。我們甚至還把這件事，當成是一種軟弱。

曾經飽受焦慮症和無助感所苦的他，卻告訴我們：「每個人都有生病的權利。」他還分享了一句，曾經安慰過他的話：「如果我是你，我也會這麼做。」

這句話，送給我，也送給你。

李錦姬，電台主持人

Contents

第2章　現在，可以停止自責了

第3章 勇氣的真諦

第4章　為自己的心，開一帖溫柔處方

前言
不再假裝沒事，是你能爲自己做的最好的事

「為什麼從首爾大學醫學院畢業之後，你還要去美國？」

這是第一次認識我的人，經常問我的問題。「我想去探索更寬廣的世界。」「我想到世界頂尖學府念書。」我雖然想用這種很酷的方式回答，但坦白說，當時的我更多是想逃離韓國。韓國的生活方式和永無止境的社會競爭，對我來說太辛苦，也很吃力。

學生時期，我覺得韓國社會就是像在一台跑步機上，用最高速奔跑，只要稍有停頓，你就會從跑道上被驅逐；一旦被驅逐，如果沒有相當程度的努力或運氣，就很難重回跑道。重回跑道的過程中，受傷也是家常

便飯。坦白說，我只是沒有被醫學院留級罷了，但是我的精神世界也許早就被逐出跑道了。

當然，「逃亡之處，難有樂土」。在美國的移民生活，只不過是另一種痛苦的延續。特別是剛到美國的前五年，在適應異地生活的同時，還要接受住院醫師訓練，當時我甚至痛苦到想回韓國。除了實習時每週六十小時的工時非常辛苦以外，我作為新住民，還必須跨越文化和語言的隔閡，所以狀況又更特殊了。

經過五年的歲月，我漸漸適應了這個新社會，也慢慢有了環顧四周的餘裕。回首過去，想起二十幾歲吃盡苦頭的那段時期，我不禁為自己感到心疼。當時的我雖然很努力生活，但只要一有不順心，我總是會自責。要是不做點什麼，總覺得只有我跟不上別人，焦慮隨之席捲而來，甚至無法安心休息。所以在韓國的時候，我非常喜歡感冒。理由是，平白無故的休息，會讓我產生「沒有卯足全力」的罪惡感。但如果是生病，就可以跟自己說：「我病了，沒辦法，必須得休息。」把休息這件事情合理化。

出國之後，我見到了形形色色的人，那是我在韓國所見不到的。我的朋友或同事，大多都在醫學界、學術界或公司裡上班，但我的患者卻有著各式各樣的背景，有國、高中生和大學生、公車司機、性勞動者，甚至企業的高層。

了解他們人生歷程的過程中，我體悟到跑步機運作速度的差異。在美國，你很難找到跟住在韓國當地的韓國人一樣，如此努力生活的人。不管是經濟困頓，抑或是功成名就、生活富裕的人，幾乎沒有人像韓國人一樣，為認真讀書和工作，刻意減少睡眠時間。不對，應該說，在美國我從來沒見過這種人。即便如此，還是有很多韓國人把遭受的困境，歸咎在自己身上，讓我為他們感到萬分不捨。明明在旁人眼裡看來，他們已經很努力了，卻還是有這麼多人，責怪自己不夠拼命，我真的很心疼。

我的第一本書《紐約精神科醫師的人類圖書館》發行之後，我看了很多讀後心得，內容五花八門。有人給予好評，「讀到眼淚停不下來，非常感謝。」但也有人直言不諱表示「內容空洞、篇幅過短，感覺自己被騙了。」不管內容好壞，無論是哪一種形式的評論，我都十分感激。光是讀者願意從眾多的書籍中，選擇我的書，就是值得感激的事了。更何況他還願意多花時間，辛苦寫下評論。我寫那本書的目的之一，是想或多或少消弭社會對於精神疾病患者的標籤與偏見。所以坦白說，那些讀到個案經歷後潸然淚下的評論，是最接近我寫作初衷的回應。

但出乎我意料的是，也有很多人回饋說，他被那本書「撫慰」了。有人說，書裡那位受延續性悲痛障礙症（prolonged grief disorder，PGD）所苦的爺爺，撫慰了他失去摯愛之人的心痛；還有很多人說，書裡用溫暖的視角看待病人的方式，讓他們得到了安慰。每當這種時候，我都會莫名感動。精神科醫師最想聽到的稱讚，莫過於從病人口中聽到：「我們的相遇，撫慰了我疲憊不堪的心靈」。第一本書讓我發現，原本只能透過一對一談話傳遞的安慰，原來可以透過書籍，傳達給更廣泛多元的讀者。

所以我下定決心，第二本書要寫一本「能夠撫慰人心」的書。但我該怎麼做？書店裡已經有著堆積成山的療癒類書籍，我的書和它們有什麼不同？面對這個問題，我沒有辦法直接給出回應，所以在簽下這本書之前，我苦思了好幾個月。我雖然想帶給讀者安慰，但不想用草率的方式。我不希望這份撫慰有名無實，在讀者闔上書本，站在現實面前的時候，就忘得一乾二淨。所以寫第二本書的過程，比第一本書難上許多。如果我的撫慰，無法讓讀者產生共鳴，不能引起波瀾怎麼辦？我的書會不會只留下一些漫無目的的碎片？這些擔心導致我經常停筆。其實我認為，人們在韓國社會底下之所以如此辛苦，很大一部分來自於社會文化和結構的因素，所以我經常問自己，作為一位精神科醫師，我的書究竟能夠帶給讀者什麼樣的安慰。

經歷無數次的思考後，我的結論是：毫無保留，真實展現出我的「脆弱」。

脆弱在字典上的定義是「容易因為他人感到受傷或受到打擊的特質」。但近年來，向他人展現脆弱，也就是「即便對於不確定性和被拒絕感到恐懼，依然誠實表現自己」的概念，反而更受到關注。因為展現脆弱會鞏固人與人之間的親密感與信任感，最終成為自己與他人之間的連結。透過展現脆弱，我們可以更了解自己與對方，也更能互相同理，彼此原諒，最後把自己和他人連結在一起。所以我一直以來都相信，脆弱是當今韓國社會最不可或缺的概念。因此我在 Sebasi Talk（改變世界的15分鐘，按：類似韓國版TED的演講型頻道），二度以脆弱為主題進行演講，也上傳了很多相關的文章在我個人的社群上。

不過每當我聊到脆弱，就會出現不少指責聲浪：「在我們國家（韓國）展現脆弱，會被抓到把柄。」我覺得會有種想法，確實無可厚非。我們的社會氛圍，從小教育我們「不表露情緒」是一種美德。長大之後，我們都生活在必須完美的社會裡。頭髮不能亂，衣著要整潔俐落，飾品不能太誇張，但也不能不戴。在這個追求完美的社會底下，我們只能拼了命，壓抑自己的喜好，所有人自然而然戴上了面具，不讓彼此看見真實的自我。由於無法展現出真實的自己，最終也失去了被療癒的機會，因為我們根本不可能找人訴苦、尋求安慰。所以我下定決心，要聊聊「脆弱」這件事。

只有我們的社會不再把脆弱當成把柄，每個人都可以表露脆弱，才能營造出一個環境，讓大家能分享彼此的脆弱，我們也才能彼此連結、互相療癒。我相信如此一來，就算我們失足跌倒，也很快能找回繼續前進的原動力。

作為一位主修社會科學、研究公共衛生的精神科醫師，我經常提醒自己，不要因為標榜「個人」療癒，而忽略了社會因素所造成的精神問題。我認為精神科醫師就像是在潰堤的堤防下游，用著水瓢舀水。即便精神科醫師拿出再先進的抗憂鬱藥物，也無法解決社會結構性問題所造成的絕望。我懷抱著這份心情寫書，從我的脆弱作為起點，過程中，漸漸延伸到了有關韓國社會的議題。各位可能會感覺到在龐大的社會面前，一個人有多麼渺小。即便如此，我還是希望我「個人」對抗「社會」的故事，可以觸動每一位閱讀這本書的讀者。

在你們閱讀這本書之前，我有些話非說不可。《你需要的不是堅強，而是不再假裝沒事》不會告訴你要如何克服不安與焦慮，怎麼鍛鍊心靈肌肉，國內外已經有很多介紹各種方法的好書了，我覺得我的書沒必要硬是參一腳。這本書是藉由坦白我的脆弱，來為站在超高速跑步機上奔跑的我們加油打氣。我真心希望，這本書不會淪為膚淺的安慰，但我也不知道真正需要安慰的人，讀完這本書後會有什麼想法。

只願這本書，可以成為各位口袋裡，堅實可靠的暖暖包，或者在嚴寒之中，能為各位帶來一些溫暖。當你暫時走下超高速跑步機喘一口氣的時候，如果它還能成為讓你珍惜自己的墊腳石，那就更好了。最後，如果這本書可以做出一點貢獻，讓這個社會不要再抓著別人的脆弱不放，轉變成大家能夠盡情展現脆弱，為彼此的脆弱加油打氣的地方，那我就別無所求了。

二〇二四年七月

羅鍾浩

「我們的焦慮，不是來自對未來的思考，而是來自想控制未來的渴望。」

——紀伯倫（Kahlil Gibran）

第1章

焦慮，奪走了我的心靈方向盤

剛成為精神科醫師的住院醫師時期，病人在我面前流淚，是我在診間感到最尷尬的時候。人哭泣時，通常沒有餘力開口說話，診間瞬間變得鴉雀無聲。唯一能打破這份沉默的只有沒在哭的醫生，也就是我。

剛開始，這份沉默真的讓我難受得不得了。我好像應該說點什麼，但大多數情況下，我都不知道自己該說什麼。有的時候，我會匆忙說幾句安慰的話，又有的時候，空洞的安慰會瀰漫在診間裡。

「你很辛苦吧？我光用聽的都感受得到了，更何況是你本人。」

沒有自信的我，脫口而出的安慰，無法觸及診間裡的另一端，就像是空洞的回音一樣，傳回給了我自己，深深刺痛著我。任職精神科醫師數年後，我才知道，原來安慰不一定要用言語表達。所謂的安慰，源自於陪著他一起感受這份悲傷。在悲傷的人面前，我們總覺得好像該說點什麼，但其實安慰不一定需要語言，有的時候在一旁默默陪伴，更勝千言萬語。

有些人會問我：「你覺得最好的安慰是什麼？」我仔細思考過答案。擔任精神科醫師多年，我所學到的安慰是，「我不懂你的感受，但我想聽你說，然後幫助你。」「我不懂你的感受」是在承認，我雖然無法站在他人的立場，完全理解他人的人生，不過我相信，「努力」可以縮短這份未知的距離。

承認「我不懂」的時候，我們必須先向他人展現自己的脆弱。脆弱和安慰是無法分割的關係，如果你不能承認自己的脆弱，就無法給予貼近他人心靈的安慰，與此同時，你也很難從他人身上獲得安慰。唯有你先展現自己的脆弱，才有機會和他人連結。所以寫這本書的時候，我想坦承自己的脆弱，盡可能卸下我的防護罩。在狹窄的診間裡，我有好幾次明確感受到，「唯有當我卸下防護罩，我才能和他人連結。」

「所以你是從哪裡來的？」

這個問題，來自我的病人，他是一名五十幾歲的退役軍人。二十幾歲光榮退伍後，他受到嚴重的憂鬱症及酒精成癮所苦，因此現在過著露宿街頭的生活。也許是他的憂鬱使然，他在諮商的過程中總是沉默不語，有時候還很神經質。

其實我很理解他的心情。跟精神科醫師晤談的時候，是非常單方面的資訊傳達。因為心理治療的特性，從第一次見面開始，精神科醫師就會若無其事地詢問個案，那些在其他地方你所不願提及的敏感問題（例如：兒時被父母虐待或性侵等心理創傷），但個案卻很少向醫師提問。首先，對大多數個案來說，光聊自己的事情時間就不夠用了，也許他們根本不想浪費時間。還有一些個案，不想打破精神科醫師作為完美治療者的幻想，所以不願提問。

總之，醫生很少在診療的過程中被問到私人問題。當時我還是住院醫師，第一次接觸門診，被問到這種私人問題，我思考了很久，不知道該怎麼回答。再加上我才剛開始受訓，常常因為驚慌失措，用毫無意義的答案敷衍了事。

「醫生，你最近都在做什麼？有什麼特別的嗎？」

「啊，差不多就那樣啊，哈哈……」

即便有人問起我的事情，對話也只會停留在膚淺又尷尬的階段。精神科的住院醫師會定期接受教授的督導，每當我問起教授，遇到這種情況的時候他們會怎麼反應，指導教授也會因為風格不同，給出各式各樣的答案。有的教授認為，當我們被問到私人問題的時候，可以反問患者：「你為什麼會好奇這件事？」把它轉化成理解個案心理狀態、了解治療關係的契機。還有一些教授，會斬釘截鐵說：「我不針對私人問題做回答。」

某天，我讀到了歐文·亞隆博士（Irvin Yalom）的文章，他是美國最著名的精神科醫師兼作家之一。他說，如果個案對他感到好奇，他會坦率地和個案聊天。他認為，在不妨礙治療的情況下，他沒有任何理由不回答問題。雖然這只是亞隆個人的立場，但我彷彿像是獲得父母許可，可以打破家庭禁忌的孩子似的。後來，每當個案問到私人問題的時候，只要沒什麼太大的狀況，我都會回答問題。當然，前提是不能妨礙治療。

「我來自韓國。」

幾秒鐘前還無精打采的個案，聽到我的回答之後，第一次露出了燦笑。

「真的嗎？我最後一個執勤的地方就是韓國。」

過去這位個案，不管你問他什麼，他都不多做解釋，永遠只是簡答而已，不過他現在終於漸漸說一些瑣碎的小事了。他提到在韓國，他和第一任老婆如命中注定般相遇，又聊到了當年出生的大兒子，還有一九八八年的韓國奧運，甚至說他在韓國經常吃泡菜、喝燒酒。不知不覺間，他開始滔滔不絕了起來，說話的時候，他彷彿重返到二十幾歲、還沒患上憂鬱症和酒精成癮的幸福時光。

面談時間快結束的時候，我感受到，他的活力也漸漸下降。他就像是坐著時光機，回到他最幸福、充滿戀愛腦的時期，成為當年那位意氣風發的軍人。然後他又再度回到了現實，重新變回現在這位飽受憂鬱症和酒精成癮所苦的露宿者。諮商結束的時候，他露出淺淺的一抹微笑，向我道別。

「多虧了這場談話，讓我感受到短暫的幸福。」

他的背影實在過於悲傷，以至於我在原地愣了一會，無法離去。

作為精神科醫師和個案接觸的時候，我經歷過很多次像上述這種，用微小的共同點，讓個案敞開心扉的經驗。例如，我第一次在病房工作時，遇到一位來自非洲的移民者。他不願對任何人敞開心扉，但聽到我也是移民者之後，才漸漸打開心中的那道門。當然，我也遇過很多相反的情況。假設個案會在韓國遇到負面經驗或遭遇創傷，我若是公開自己的背景身分，反而會對治療產生反效果。從這個角度來說，精神科醫師談論自己私人的話題，也許就像是一把雙面刃。

即便如此，每當我透露有關自己的話題時，我總會想起那些因為我短短的一句話，而露出燦笑的個案。如果有個案聽完我的故事之後，只要看到我，就會想起他以前的樣子，我也會很高興。回想起這些個案，我決定要先聊聊「我的故事」，在書裡如實呈現出我二十、三十幾歲的旅程。要安慰這本書的讀者，我必須先坦承自己的脆弱。

願我的坦誠，會成為我和讀者之間的橋梁，也希望各位在閱讀這本書的時候可以感受到，身為精神科醫師的我，就坐在你面前，靜靜聆聽著你。寫書的時候，我總是會想像眼前坐著一位讀者，他因為創傷、倦怠、日常生活中大大小小的事情而倍感疲倦。所以我也希望，各位在閱讀這本書的時候，能夠想像你的眼前，坐著一位渴望聆聽你心聲的人。

心臟忽然亂跳，彷彿就要爆炸

二〇〇六年，我結束了兩年的兵役，重回校園，正式成為復學生。涉世未深的大學時期，偶爾在酒局上遇到比我大四、五屆的學長，我的心裡總會很認真地好奇，「那些學長到底是出於什麼原因，怎麼還在當學生？」然而時間無情地流逝，不知不覺間，我也來到了跟他們相同的年紀和處境。

幸好我有一位跟我同時期復學的摯友，他叫希洙。當年因為復讀，所以比我年長一歲的他，總是像個哥哥一樣引導著我。剛復學的時候，退伍的喜悅加上久違的自由，我上課總是不太認真，有點心浮氣躁，當時希洙也是直言不諱，叫我「收點心」。被希洙念了一頓之後，我終於像個復學生（？）一樣，每一堂課都坐在第一排，認真做筆記，下課之後就立刻去中央圖書館占位置，開始專注在學業上。

當時希洙正在準備行政考試，我在學校上課的同時，也在準備出國留學，攻讀美國的臨床心理學（為有心理問題或精神疾患的個案，提供心理治療的學程）博士學程。我們住在新林洞考試村的套房，是樓上樓下鄰居。我們跟準考生毫無差別，凌晨離開宿舍，一起在新林洞的考生食堂吃早餐，然後從第一節課開始到晚上十一點為止，一整天都在努力念書。明明沒有人要求我們，我們卻像奉命一般，充滿熱忱埋首苦讀。這種讀書強度任誰都會覺得很辛苦，但知道「我不是一個人」，給了我們安慰。我們彼此依靠，一天又一天地撐了下來。

某個週末我和平時一樣，跟希洙一起在圖書館準備考試，然而我的心臟卻突然「咚咚」一聲，感覺整個往下沉。這個奇怪的感覺只出現了一下，忽然間我的心臟開始快速跳動。

「我的心臟怎麼跳那麼快？」

我感覺身體有點奇怪，雖然我是立志要成為臨床心理學家的心理學學子，但我也不清楚這到底是什麼狀況。昔不比今，當年承認自己有恐慌症的藝人或名人並不多。那個時期的我，對這種事很陌生，根本無法把我的狀態跟恐慌症聯想在一起。我拼了命想專注在學習上，但心跳卻似乎越來越快。

「我怎麼會覺得這麼不安？」

我才意識到，我過快的心跳不單純只是一時之間的心跳加速，而是源自於某個不知名的焦慮感。當時我的腦海裡充滿了對留學和未來的不安感。如果用音量來形容，我那莫名的不安感，原本約莫只是一個人在圖書館裡戴著耳機聽音樂的音量。但是那一天的音量，卻像是在大學校慶上用大型喇叭，不只是圖書館，而是可以傳遍整座校園的音量。我實在沒辦法繼續讀書，趕忙收拾東西，慌慌張張地離開了圖書館。我當時實在沒辦法開口跟希洙說：「我太焦慮了，沒辦法繼續讀書。」就隨便找了個理由，離開了圖書館。

「可能是太累了，過幾天應該就沒事了。」

剛開始我沒有想得太嚴重。我還去了那段時間沒到訪的地方，暫時把讀書拋諸腦後，好好休息了一段時間，深沉的焦慮感好像也緩解不少。幾天過後，我覺得「該回歸正常生活了」，又再度邁向圖書館。不過，我錯估了情勢。回到圖書館的第一天，我的心臟彷彿開關又再度被開啟，撲通亂跳。不只如此，這份焦慮感好像從圖書館溜了出來，不管我到哪裡，它都如影隨形。上課的時候，一股更巨大的不安感朝我襲來。而只要心臟開始狂跳，我就更難在課堂上集中注意力。我發現，假如我竭盡全力認真上課、抄筆記，我的能量也會快速消耗，傍晚就會感到疲憊不堪。

「我出了什麼問題嗎？」

當時的我連想都沒想過，這個名為「焦慮」的影子，在我剩餘的二十幾歲歲月裡，會不斷伴隨著我，折磨著我。

帶著這份無所不在的不安感一起生活，就像是手握方向盤，駕駛著一台名為「我的內心」的巴士，但巴士的角落，卻坐著一個來歷不明的怪物。這隻怪物有的時候靜靜地在角落打瞌睡，但我卻不知道牠什麼時候會醒來折磨我，令人十分恐懼。駕駛巴士的時候，我總是擔心牠突然醒來，又或者說，光是牠的存在，就足以讓我憂心忡忡。

我心裡的這頭怪物，有時候會在圖書館裡出現，擾亂著我；有的時候會在我睡覺的時候，把我叫醒；或者在上課時間，當我向教授提問的時候，衝出來搶走我的方向盤，一副要霸占這台巴士一樣，向我衝來。這個時候，巴士的警示燈和故障燈會同時亮起，引擎暫時熄火，停在原地好一會。等到這頭怪物冷靜下來，我才能再坐上駕駛座，重新發動引擎。

現在回想起來，不知道當年的我怎麼如此無知，身心狀況已經這麼糟了，還不停在為留學做準備。因為焦慮而無法集中精神，反而導致我要花更多時間來彌補學習量。當時我的心臟一直超載運轉，也許真的或多或少，減少了我的壽命。我當時已經注意到自己急促的心跳，習慣性測量脈搏。當心臟每分鐘跳動超過一百下，會導致心臟超出負荷，這種症狀稱為「心跳過速」。而這件事發生的頻率高到，對我來說就像一種日常。我甚至還會想：「再這樣下去，我的心臟是不是哪天就停止不跳了。」

即便我如此身心俱疲，我依然持續聽課，重修然後拿到學分，也按照計畫完成了留學考試。我聽說，如果想去國外攻讀臨床心理學博士，必須要有研究經驗，所以我開始在心理學系的某個研究室裡，擔任學生研究員。

當時的我，除了原本的焦慮感以外，還會對其他人，特別是不熟的人或是不認識的人感到焦慮。而且，這份焦慮無法控制，不斷增加，是典型社交恐懼症的症狀。我被自己的焦慮壓得喘不過氣，這還不打緊，但我從來沒想過，我的狀態有可能被旁人看穿。然而，某天的一個事件，卻打破了我的自以為是。當時，我在研究室裡跟幾位老師聊天，裡面有一位是博士學程的老師。那位老師突然看著我，一臉擔憂地問道：

「天啊，你看看這孩子，他說話的時候嘴唇竟然在抖。你還好嗎？」

當時我才意識到，原來旁人可以感受到我的焦慮。也許，對於和我初次見面的人來說，就算從我顫抖的嘴唇發現了我的焦慮，也不好意思說破。而在熟悉的朋友面前，因為我不會那麼焦慮，沒有露出馬腳，他們才絲毫沒有察覺。

如果這件事有變成契機，讓我去尋求專業的協助就好了。不過當時的我沒有直接面對問題，反而選擇逃避現實。從那天起，我學會在講話的時候輕輕咬著嘴唇，讓嘴唇不會顫抖。第一次見到我的人，可能會覺得我說話的方式有點奇怪。但我覺得，這樣總比放任嘴唇顫動，展露出自己的焦慮來得更好。

我雖然如此焦慮，但依然繼續念書，勉強讓自己保持在可以持續專注在學業上的狀態。就這樣，在距離畢業還剩一個學期的時候，我完成了留學申請。準備留學的過程中，我和幾位早年到美國留學的人交流過，他們總會告訴我，臨床心理學博士的留學申請競爭非常激烈，加劇了我的擔憂。但光是每天的求生，就讓我很吃力了，我根本沒有空檔思考備案。我就這樣在毫無對策的情況下，把所有精力都拿來為留學做準備。

幾個月過去，經過了這麼長一段時間，我申請的二十幾家學校，沒有任何一家邀請我參加面試。不管是成績、考試、研究經驗，我覺得自己都已經竭盡所能在準備了。面對這樣的結果，我完全不知所措。後來在美國擔任精神科住院醫師的時候，我才知道就連美國名門大學的學生，如果想要攻讀臨床心理學博士，多半大學畢業後也至少要先累積一到兩年的研究員經歷。他們說，過程中他們會寫很多篇論文，還要參與不少實務工作，從中學習，而那些在韓國通常是碩士生才會接觸到。我才覺得，當年像我這種大學剛畢業的菜鳥，沒收到半個面試邀請是理所當然的。

「我現在該怎麼辦？」

這兩年來，我一直為了留學而奔波。除了成為臨床心理學家以外，我從來沒思考過其他未來。現實是，我距離畢業只剩下一個學期，留學宣告失敗的瞬間，我只剩下兩個選擇——繼續堅持我夢想的未來，或是選擇另一條人生道路。

緊抓著胸口不斷顫抖，想成為精神科醫師的我

講述醫學專門研究所（按：類似於台灣的後醫學系）的故事之前，我要先坦白一件事。包含《劉 QUIZ ON THE BLOCK》（以下稱為《劉 QUIZ》）在內的數家媒體，在介紹的時候曾提到我「是為了防範自殺才成為精神科醫師」。雖然「防範自殺」是我現今人生的一大動力，但嚴格來說，這個說法並不完全符合事實。在醫院，我經常會遇到試圖自殺的個案，精神科醫師確實跟自殺防治有密切的關係，但是臨床心理學家跟精神科醫師一樣，有無窮無盡的機會可以為防範自殺做出貢獻。我雖然不知道準確的數值，但在美國，研究自殺或自殺防範的學者中，臨床

心理學博士的數量可能比精神科醫師更多。所以說，我之所以去就讀醫學專門研究所，不是因為「想防範自殺」或「想拯救更多人」這種偉大的理由，坦白說就是，「不知道怎麼搞的就變這樣了」。

實情是，我的臨床心理學博士留學計畫受挫，我能做的選擇裡，最合理的選項就是去就讀首爾大學的臨床心理學碩士或博士學程。不過那時候，我無論如何都很想離開大學時期待過的冠岳校區，也許是因為最後的兩年，我在那度過了很辛苦的一段時間。雖然在冠岳生活的那段時間，也有很多幸福快樂的回憶，但我更希望自己能在新的地方，有一個新的開始。這可能也跟我的個性有關，我本來就是長時間待在同一個環境下，會感到煩悶的類型。

我可以選擇的另一條路，就是完全轉換跑道。那時候恰巧法學院的制度剛成立，二〇〇九年法學院第一屆招生要準備的資料有在校成績、英文考試成績等等，跟我去留學的條件幾乎一模一樣，對於文科出身的我而言，入學考試應該也很得心應手。乾脆換個跑道，對我來說也很有吸引力。不過這幾年來，我一直想著要幫助在精神和心理方面遇到困境的人，一時之間實在難以轉換跑道。

苦惱的過程中，「精神科醫師」這個選項印入了我的眼簾。坦白說，身為文科生的我，總覺得醫生這個職業離我很遠，完全不在我的考慮範圍內。準備留學的期間，我對於當時才剛創立的「醫學專門研究所」制度從來不感興趣。偶然、運氣、環境、時機，對人生而言果然很重要。當年我有很多學長姐，都已經準備入學或是成功考進醫學專門研究所了。我雖然是文科生，不過因為科系的特性，從某方面來說，我們自然會選修統計學、生物學和腦科學。因此，我開始注意到了我從沒關注過的職業——「醫生」。

剛好，一個跟我關係最好的心理學系同學，也正在準備醫學專門研究所的考試。看著他，我忽然開始思考：「讀醫學專門研究所或許是個選項。」如果大學二年級的時候，我沒有選擇心理學系，而是學了經濟學系或政治學系，也許我根本就不會想過自己能考進醫學專門研究所。

最後我下定決心，要挑戰成為精神科醫師。我在距離畢業不到一個學期的情況下，選擇了休學。如果想考進醫學專門研究所，我必須開始讀基礎生物學、化學、物理學等理科的科目。高中畢業後的這八年來，這些科目我連瞧都沒瞧過一眼。久違地開始學習全新的領域，帶給我特別的新鮮感，讓我充滿活力，引起了我的挑戰欲。

但撇除動機不談，我的學業壓力越來越大，越是這樣，我內心的焦慮就越演越烈。當時我的高中同學也在準備考試，我經常和他一起在讀書室裡看書，不過就連在青梅竹馬面前，我的焦慮也變得極為嚴重。有一天，我們一起吃午餐的時候，我突然感到頭暈目眩，好像就要昏倒。我還記得考醫學專門研究所的那一天，考卷上一堆我不會的問題，我的心跳加速，彷彿就要爆炸，所以考試的過程中，我一直抓著自己的胸口。

所幸，雖然當時的我如此焦慮，卻仍幸運考上了醫學專門研究所。

其實我一直很猶豫要不要講這段故事。我知道對某些人來說，別人看似完美的人生，可以成為他人生的動力。我二十幾歲的時候，也會去讀「成功人士」的自傳，藉此鞭策自己，這些鞭策或許也幫助了我繼續向前邁進。

實際上，也有一些年輕的學子，會看著我在媒體上的訪談，夢想著日後要成為心理學家或精神科醫師。所以我很猶豫，我是不是要親手打破他們的幻想。讓我決定要講出這段故事的原因只有一個，「不要太羨慕表面上看起來完美無缺的人，也不要拿自己和他人比較，為此感到挫折。」即使有些人的人生，看起來很美好，彷彿像是編撰好的劇本，但你仔細探究後會發現，裡頭有可能只是好幾層的衣衫襤褸，被名為「偶然」和「命運」的針線，層層交錯縫補在了一起。

現在的我，雖然帶著「耶魯大學精神科醫師」的頭銜，過著看似不錯的人生，但我曾經在追夢的路上摔跤，不知所措，也曾經只是一個平凡的學生，擔憂著自己有一天會被名為焦慮的怪物所吞噬。

我的心，被焦慮占領了

幾經波折後，我雖然考進了醫學專門研究所，但在這裡，我還得面對其他的痛苦。入學的時候，有一半的同學是高中畢業後，選擇就讀兩年的醫學系預科，然後直升本科系；另一半人則跟我一樣，先讀完大學之後，才透過醫學專門研究所的制度考了進來。當然，大多數醫專所的學生，肯定都比讀完預科後入學的同學年長，當完兵回來的我，又屬於其中年紀最大的一類人。除了比同學平均大上五、六歲以外，文科的背景，再加上我懷揣著焦慮這顆不定時炸彈，開始上課後的我，彷彿像是在手腳上面綁著好幾包沙袋，跟來自各方學校的全國田徑大賽的選手，一起在操場上熱身。

醫學院的學業壓力原本就是惡名昭彰。我自覺從高中開始，就算是非常用功的人了，但這麼浮誇的學習量，我還真是第一次見到。更令我驚訝的是，課程上如此不合理的學習量，同學似乎都能處之泰然地跟上進度。第一個學期，我拼命追進度，但第二個學期開始後，我已經筋疲力盡了。

就在這個時候，在我心裡霸占一席，名為「焦慮」的這頭怪物，不知不覺間昂首闊步邁向駕駛座，搶走了我的方向盤，開始暴走。以滿分十分來說，入學前我的焦慮大約維持在五分左右，嚴重時會到達七分；但開始就讀醫學系之後，我的焦慮平均落在七分，有的時候還會衝上滿分十分。

與此同時，我的社交恐懼症也變得更嚴重了。就讀醫學系的時候，除了上課以外，還有很多分組作業和分組報告，因為我的年紀比同學大，所以不管我願不願意，我都經常擔任組長的角色。第一次負責分組報告的那一天，至今為止我都還是記憶深刻。大學時期，我本來就不是喜歡負責報告的類型，但只要認真準備，上台報告也沒什麼大問題。所以我沒有想太多，因為我是組長，就擔起報告的責任，報告之前也徹底做好了練習。

報告當天，我走到教室最前面，但看到同學的時候，我的聲音突然開始發抖，握著麥克風的手也顫抖了起來。這堂課的規模很大，選修人數超過一百五十人。幸虧我們準備了很多影片和照片，我渾渾噩噩地撐了過來。身為組長，又比他們年長這麼多歲，我真的覺得很丟臉。「哥，你辛苦了。」「哥、你表現得很棒。」善良的組員鼓勵著我，但我卻忙著自責。

「在比我小這麼多歲的同學面前出這種洋相，我年紀真的都白長了。」

除了這件事以外，還有很多丟臉的事蹟。進到醫學專門研究所之後，除了嘴唇顫抖、報告的時候很焦慮之外，我甚至出現容易臉紅的症狀。某次，比我年小很多的同學在遠處談話，過程中我聽到他們提到我的名字，我的臉立刻紅得像顆蘋果一樣。容易臉紅，也是社交恐懼症的症狀之一。

「不過是聽到自己的名字而已，你幹麼那麼害羞！」

看到我那個樣子，厚臉皮的學弟開始捉弄我，我真的很想挖個洞把自己埋進去。類似的事情真的是十根手指頭都數不清。而且隨著年級的增加，我的症狀越來越嚴重。漸漸的，除了幾個關係很好的朋友以外，我開始減少和其他人的交流，在學校裡也越來越畏畏縮縮。

三年級開始，我們必須到病房實習。因為是「實習」，所以不是坐在教室裡聽著大型講座，大多時候是到各科輪訓，以小組的方式上課。這種授課方式，大多都不會聽教授單方面上課，而是要積極與教授討論。

不過當時，我最害怕的是教授在上課時間突然點我名字，問我問題。每當這種時候，我的焦慮感就會暴漲，再簡單的問題我都沒辦法好好回答。每次教授問問題的時候，旁邊的同學都會擠眉弄眼，甚至用手勢向我打暗號，不過焦慮麻痺了我的大腦，我完全當機。我變成了問題有去無回的「黑洞」，只要輪到我被提問，尷尬的沉默總會瀰漫在空氣中。我的心被焦慮占據了，我真的有機會奪回駕駛座嗎？當時的我，看不見絲毫的希望。

暫時找回平靜

有一些人生的轉捩點，要事過境遷後才能看得更清楚。回想起來，如果三年級病房實習前我沒有去那趟紐約，我的人生也許會截然不同吧？當然，那時候如果沒有去美國實習，迫切想要尋求「出口」的我，最後應該還是會在韓國以外的國家，重新開始。當時我認為，這幾年來一直折磨著我的焦慮，是韓國社會競爭下所產出的怪物。我的結論是，我在這個高速奔跑的社會下摔了一跤，已經很難在這裡堅持下去了。病房實習的時候，我親眼看到住院醫師和教授忙碌又辛苦的生活，根本連醫科生都望塵莫及，又更堅定了我的想法。短暫到訪美國的那段時間，雖然我依舊茫然，卻可以依稀描繪出未來的藍圖了。它帶給我希望，讓我覺得自己好像可以順利完成接下來兩年的醫學院生活。光憑這件事，待在美國的短短兩週，對我而言意義十分重大。

二年級的最後，我已經筋疲力盡，剛好遇到一位來社團演講的骨科學長。當時在哥倫比亞大學發展的他，表示自己想要幫助那些想到美國進修的學弟妹，如果有需要他的幫忙，可以隨時聯繫他。我鼓起勇氣，寄了郵件給他。多虧學長爽快答應我的請求，我拿到了哥倫比亞大學旗下的紐約州精神醫學研究中心（New York State Psychiatric Institute）實習兩週的機會。我實習的單位是小兒精神科的日間病房，個案會像在學校上課一樣，從早到晚一起生活、一同聽課，同時還會從事美術、體育及治療等活動。

實習的前一晚，我抵達了紐約，懷抱著激動的心情，在曼哈頓一家由韓國人經營的廉價民宿住了下來。雖然是在狹小的空間裡，跟一堆韓國人住在一起，但我就像是踏入新世界的孩子一般，心跳加速，難以入眠。第二天早上，我第一次看見白天的紐約，我走向曼哈頓地鐵站時的心情，至今仍歷歷在目。

對於還沒在韓國精神科實習過的我來說，在美國為期兩週的實習，我的感覺就像《小鬼當家2》裡，第一次走進巨型玩具店的孩子一樣。首先最讓我驚訝的是，日間病房裡小兒個案的人種和社會文化的多樣性。病房有黑人、白人、西裔、東方人等各式各樣人種，還有只會說西班牙文或中文的孩子，甚至還有海地出生，只會講海地克里奧爾語（Haitian Creole）的少年，聚集了各式各樣的孩子。病因也是五花八門，幾乎可以看到我在臨床心理學上，學到的所有小兒精神障礙。有一位華裔的男子，看到我是東方人，就覺得我一定會說中文，還走過來，很自然地用中文跟我搭話。

韓國幾乎可以說是單一民族的國家，對於在韓國學習和成長的我來說，第一次擁有如此陌生的經驗。

從五歲的幼童到國中生，這些住在小兒精神科病房的孩子們，親切地迎接了我這位來自韓國的醫科生。由於我只是一位參訪的學生，所以沒有被授權進行個別諮商等醫療行為，但是這兩個禮拜裡，我參觀了他們的課程、諮商、治療過程，也經常在體育或美術活動上擔任助教。

我當時對韓國的現實感到非常不滿，我常常問自己：「要過什麼樣的生活，我才會覺得幸福？」跟這些孩子一起生活了兩個禮拜，似乎讓我第一次想像，在美國成為精神科醫師的生活。

「如果我可以在這種環境下當精神科醫師，我會過得更幸福嗎？」

坦白說，美國除了人種組成多樣化以外，跟韓國的環境其實沒什麼不同。不過當時的我幻想著，只要在新的地方，我就可以放下焦慮，重新出發，所以美國的一切看起來都很美好。不知道是幻想所致，還是因為膨脹的期待值，在紐約的這兩個禮拜，我幾乎沒有感受到焦慮。在完全陌生的城市和文化裡，反而降低了我對周遭環境的注意力，讓我可以用相對平靜的心情過日子。這個經驗自然而然，讓我更期待未來在美國生活了。

除了跟孩子相處的時間以外，我在日間病房裡，還跟很多位專家交流。我之所以會對到美國研修產生幻想，除了個案帶給我的體驗以外，跟「各界專家水平合作的文化」也起到了很大的作用。我徹底被這些在韓國無法接觸到的新面向給吸引了。

在小兒精神科的日間病房，精神科醫師、臨床心理學家、社工、護理師、教師等人，會組成小組一起工作。實習結束的前一天，我參與了個案研討會議（Case Conference，小組成員齊聚一堂，針對個案分享意見，尋求最佳治療方案的會議，對象通常是治療不易的個案）。由於我在韓國還沒進入實習階段，即便我是醫科生，我對個案研討會議的理解，也僅止於看過醫療劇的程度罷了。走進會議室之後，除了熟悉的小組成員以外，還有一位素昧平生，戴著眼鏡的白人男子。

「那麼，現在要開始針對我們病房那位七歲的少年進行個案討論。博士，非常感謝您願意遠道而來。」

我們病房裡唯一的精神科醫師，對那位年長的男性致意後，簡略地報告了個案的狀況。小組成員對個案已經很了解了，所以這段報告，其實等同於是為了這位年長男性所做的。

在精神科醫師的主導下，這一小時裡，大家不斷討論著個案的情況，由於每個組員都是不同領域的專家，分別提出了不同的觀點。我聽著老師的觀點、社工的立場、臨床心理學家與精神科醫師的見解，那位七歲少年的案例，似乎變得更加立體了。他們就像是管弦樂團在演奏著管弦樂一般，圍繞著這名少年進行分析，會議室裡迴盪著他們的歌聲。那位年長的男性仔細聆聽著每個組員的意見，就像經驗老道的指揮家一樣，適時提出自己專業的見解。

他們說著英文，討論一來一往，毫無空白。雖然我有一半以上都沒聽懂，但是這個合作的經驗對我來說卻非常深刻。當天我回到民宿後，就立刻在Cyworld部落格上，滿懷自信地寫下了一篇長文表示，「我會長長久久地記住這一刻的美好。」

那似乎是我第一次下定決心要成為美國的精神科住院醫師。我後來才得知，那位年長的男性，是長期從事個人心理諮商的臨床心理學家。其實這件事很令我意外，因為主持研討會議的精神科醫師，雖然同時也是哥倫比亞大學的教授，但是他謙遜的樣子，看起來就像是在接受老教授指導的學生一樣，所以我理所當然地認為，那位年長的男性也是精神科醫師。身為精神科頂尖專家的哥倫比亞大學教授，仔細傾聽其他領域專家的意見，為了治療個案盡心盡力的樣子，實在太美好了。

為期兩週如夢似幻的實習經驗就這樣結束了，我不得不回歸現實。

坐上回韓國的航班時，我在心裡暗中期望，希望下一次我再回到紐約的時候，是為了在這裡成為精神科醫師。

如果當時我尋求了幫助……

在美國度過的這段時光雖短，但激勵了我。話雖如此，一回到韓國之後，一切卻是一如往常。兩週的時間說長不長、說短不短，我的時差都還沒調回來，就必須抱著疲憊的身心開始在病房實習。過去幾年來，在焦慮的深淵中不斷掙扎的我，似乎是在這時候陷入了「憂鬱」。

以前的我，雖然深受焦慮所苦，還是能勉強維持正常生活。但這次不同了，從這個時候開始，我幾乎到了上課時間什麼都聽不進去的地步。剛開始，我因為焦慮的情況太嚴重，覺得自己好像腦袋破了個洞，甚至感覺大腦再也無法像以前那樣運作了，開始陷入絕望的悲觀裡。我雖然隱約意識到，我的問題已經惡化到超出焦慮的水準了（畢竟，注意力不集中是憂鬱症的代表性症狀之一），然而當時的我，似乎無法把自己的狀態和憂鬱症聯想在一起。

就像過度焦慮的時候，我的心臟會超出負荷一樣，陷入憂鬱的大腦，也像是一台因為過載而停擺的機器，完全無法運作。不僅如此，我的社會功能也開始明顯下降。在病房以小組形式實習的期間，我經常給同組的組員添麻煩，我變得更加畏畏縮縮，也比以前更刻意迴避和同學一起喝酒或聚餐，甚至不怎麼跟摯友來往。而且只要一有空檔，我就會一個人躺在宿舍，有氣無力地度過這段時間。

「好想消失啊，隨便去哪都行。」

我的腦海裡，第一次閃過了這個想法。我雖然沒有到「想直接去死」的地步，但每天早上睜開眼，我的腦海裡就會縈繞著「我想到一個沒有人認識我的地方，重新開始生活」的想法。

自然而然，我的日常生活也隨著我的大腦一起崩潰了。每當實習結束後，我會用對身體有害的刺激性食物或速食快速充飢，然後回到宿舍，直接躺床。在床上稍微瞇一會再醒來，就已經是深夜了。我根本連坐在椅子上讀書的力氣都沒有，只能躺在床上，把教材翻開，講白一點就是「根本沒在看」。雖然那些艱澀的內容根本沒有輸入我的腦海裡，但這是我為了通過接二連三的考試，所做出的垂死掙扎。

甚至考前一天，我依舊躺在床上看著講義和考古題。現在回想起來，我沒被留級，還能在四年內勉強畢業，簡直是奇蹟。雖然我沒有勇氣坦承自己的處境，但還是要謝謝我的同學，願意不過問原因，默默幫助年紀大、又病懨懨的我。

回首過去，我簡直無法理解自己，為什麼已經過得那麼痛苦了，卻還是不向身邊的人訴苦？我雖然記得不是很清楚，但我當時好像覺得，我之所以經歷這些困境，是因為我的精神方面太「脆弱」和「懦弱」。

有一件事情，至今我仍記憶猶新。當時我和同學在喝酒，有人提到某位留級的同學正飽受憂鬱症所苦，就有人回答說：「可是他看起來精神力很強大。」聽到這段對話，我想向同學訴苦的想法隨即蕩然無存。我身邊的同學，年紀多半比我小很多，但他們卻如此堅強，我心裡似乎不想乖乖承認，我病得很嚴重。其實當時我很清楚，我的狀態非常嚴重，我確實需要精神專家的幫助。

當上住院醫師之後，我才意識到當時阻止我向專家和朋友求救的，其實是社會對於精神疾病的「負面標籤」。「有精神疾病的人都很脆弱」、「精神疾病就是意志力的問題，可以靠自己解決」、「患有精神疾病的人心理承受能力都很差」這些社會賦予的刻板印象，早已不知不覺間在我的腦海中根深蒂固了。我曾經是一位渴望學習臨床心理學的心理系學生，甚至還為了成為精神科醫師，考進醫學專門研究所，成為了醫科生。

然而，我對尋求心理治療與精神醫療服務的心理障礙，卻遠超乎我的想像，而且我終究沒能跨越那道障礙。

二〇二三年，Netflix 韓劇《精神病房也會迎來清晨》成為膾炙人口的話題。主角是一名精神科護理師，然而她在劇裡，也用盡全力否認自己患上憂鬱症的事實。雖然這是病識感（自覺到內心已經生病）低下的憂鬱症患者，會出現的典型症狀，但是與此同時，我們也能看到社會對於精神疾病和心理治療與精神醫療服務根深蒂固的刻板印象。看著電視劇裡的主角，在日常生活中飽受焦慮和憂鬱所苦，卻始終無法踏入精神科的大門，就像是看到過去的我一樣，令我心痛。

麥可．菲爾普斯（Michael Phelps）是擁有二十三面奧運金牌的傑出游泳選手，他曾經多次在各種演講、訪談、脫口秀上坦承自己有憂鬱症。他坦言，「我不想繼續活在這世界上了」的想法，曾經控制了他的大腦，當時他住進了精神科病房。他表示自己在接受精神治療與心理諮商的過程中，第一次講出了自己的心聲，幸運地度過了這段艱難的時光。所以當年我在紐約大學當住院醫師的時候，曼哈頓街道上的電子看板，經常出現菲爾普斯說：「心理治療改變了我的人生，也可能為你帶來幫助。」過去曾經是摔角選手，以《玩命關頭》聞名的演員巨石強森，也公開表示自己患有憂鬱症。

來到美國之後，我才接觸到菲爾普斯和巨石強森充滿勇氣的發言，我不禁經常思考：「如果我早些年聽到這些話，當時的我也能向他人尋求幫助嗎？」事實上，我在美國擔任住院醫師的時候，曾經到紐約大學的學生保健室工作。我遇到的學生一點都不害臊。不對，應該說，他們反而認為這是一種「自我管理」，他們總是堂堂正正地走進保健室，找精神科醫師或諮商心理師談話。

在韓國社會裡，如果有一位受全體國民愛戴，或是像菲爾普斯和巨石強森一樣看似非常堅強的某個人，願意坦承：「我飽受憂鬱症所苦」、「我也曾經想要自殺，非常痛苦」，當年的我也許就能鼓起勇氣了吧？懷抱著遺憾的我，只要一有機會就會講述菲爾普斯和巨石強森的故事。我期望，某個受憂鬱症或是其他精神疾病所苦，又因為社會對精神治療服務的刻板印象，遲遲無法跨越這道障礙，只能黯然神傷的人，在聽到這段故事後，可以去尋求幫助。

我之所以鼓起勇氣，講述我年輕時期的故事，也是基於相同的原因。雖然我不像菲爾普斯或巨石強森一樣了不起，但只要有一個人，在聽到我的告白後，知道「原來就連精神科醫師，也曾經因為精神方面的問題如此痛苦。」然後意識到：「原來這不是我的問題」、「原來我不是因為太懦弱才憂鬱」，然後下定決心告訴自己：「我也要試著鼓起勇氣。」那我的告白就足夠有意義了吧？

如果再貪心一點。假設我的告白能夠更廣為人知，讓受到全國民眾愛戴的知名人士，也願意和大眾分享他們所經歷過的低潮，那我就別無所求了。我太晚才明白原來「不好也沒關係」，而我們都可以向身邊的親友或精神科醫師傾訴自己的心聲。

能找回過去的我嗎？

病房實習的時期，我雖飽受憂鬱和焦慮所苦，但依然有一段我最期待的時光，也就是為期五週的精神科實習。醫學系第三年的時候，我們會在內科接受為期十週的實習，其餘時間會在外科、婦產科、精神科分別進行五週的實習，其他專業的實習，則是為期一到兩週，以這種形式度過一整個學年。三十五到四十週的日程裡，精神科的實習期間占了五週，占比超過一成，比例比想像中更高。

三年級教程已經過了四分之三，我才開始在精神科實習。神奇的是，就跟我在紐約實習的時候一樣，這段期間我憂鬱和焦慮的情況明顯減少，就像是吃到了適合我的抗憂鬱劑，或是遇到好的諮商心理師一樣。雖然我的專注力沒有完全恢復，但在精神科實習的時候，我不但可以理解授課的內容，也能回答教授的問題。

第一天踏進首爾大學附屬醫院的精神科病房時，我感覺自己就像是實現了多年來的夢想。醫學系一、二年級的時候，我曾短暫在某位精神科教授的研究室裡擔任學生研究員，後來還到美國照顧小兒個案，不過這卻是我第一次被安排親自和「負責的個案」進行諮商。他們可以說是我的「第一批個案」也不為過，或許正因如此，至今我依然清晰記得我和他們談話的內容。

我被派到波拉美醫院的那一個禮拜，我就像一位真正的精神科醫生一樣，負責幫個案進行初診。那一週是我在醫學院四年裡，最幸福的一段時間。很多個案在我面前說著自己的故事，聲淚俱下。我感覺自己似乎有成為精神科醫師的優秀資質，我一直不斷下滑的自信心，也稍微恢復了一點。但實際上，我當時只是一位什麼都還不懂的醫科生。回想起來，我和其他學生不一樣，如果我從預科開始讀，按年齡來算，我已經要進入專科訓練的第四年了，而且我的外表看起來比實際更老（當時我壓力性掉髮很嚴重，看起來比現在因為老化自然掉髮的我，還要老上許多），個案也許會以為我是精神科住院醫師或是教授。搞不好他們會以為，平常連見上一面都很困難的大學醫院教授，竟然為了自己騰出三十分鐘，而願意說出平時難以啟齒的心聲。

為期五週的精神科實習，帶給了我「生命的意義」，是上天送給我最棒的抗憂鬱劑。我上綜藝節目《劉 QUIZ》之後，聽到了很多過分的稱讚，其中有一說形容我是「與生俱來的精神科醫師」，但坦白說，精神科醫師這個職業是老天送給我最珍貴的禮物，這個說法比較恰當。對於在看不見盡頭的焦慮和憂鬱沙漠中徘徊歧路，期盼實習趕快結束的我來說，這五週就像是一場及時雨。如果沒有這一場實習，二年級的時候，我也沒有去紐約小兒精神科病房實習的話，我也許沒辦法按時從醫學院畢業，或者乾脆轉換人生跑道了。整整一年令人筋疲力盡的實習裡，我全靠著對這五週的期待堅持了下來，順利完成了三年級的所有實習。

回首過去，我的狀態應該是「廣泛性焦慮症」、「社交恐懼症」和「適應障礙症併發憂鬱情緒」。適應障礙症多半由嚴重的社會壓力引起，進而出現情緒和行為問題，症狀常會在壓力發生後的三個月內出現。以我為例，醫學院沉重的學業壓力，加上三年級病房實習的壓力，直接導致我出現適應障礙症。適應障礙症也是精神科門診最常見的診斷之一。

我之所以能夠克服憂鬱症，除了精神科的實習以外，我的父母以及當時的女友（現在的老婆）也付出了很多心力。我實在沒辦法把我嚴重的身心狀態告訴周遭的友人。不過我的父母一直以來都比任何人更可靠，他們是我堅實的後盾，所以我毫不掩飾地向父母傾訴了我的痛苦。當我說出這些難以啟齒的話語，父母仍然一如往常，無條件支持著我。還記得有一天，我告訴母親，我真的太累了，眼前一片漆黑，好像沒辦法繼續上學了，然而她卻溫暖地說：

「你如果累了，不去也沒關係啊。不管你做什麼選擇，爸媽永遠都支持你。」

我一直很感謝，我的父母始終尊重我的意見。他們在養育我的過程中，從來沒有拿我跟任何人比較。他們沒有任何條件，隨時支持著我，是我最大的援軍，從來沒有要求我迎合他們的標準。

假如我坦白自己痛苦的時候，我的父母反而告訴我：「你就快畢業了，馬上就要成功了，再忍一下吧？」用這種方式勸導或說服我，搞不好休學之後，我會陷入更深沉的憂鬱。但多虧父母接納了真實的我，溫暖地支持著我，我才能獲得繼續前進的動力。

人本主義心理學的創始人卡爾．羅傑斯（Carl Rogers），是無條件正向關懷（unconditional positive regard）忠實的提倡者。所謂的無條件正向關懷，是指諮商師無條件地給予當事者（接受諮商的個案）包容和支持。經歷過這種包容和支持的人，會開始相信自己內在的力量，進而獲得前進的動力。由於不需要害怕被對方拒絕，所以也能達到讓當事人展現出真實自我的效果。羅傑斯認為正向關懷的關係不僅限於諮商師和個案之間，也是所有健康人際關係的前提。我之所以相信他的理論，正是因為我兒時和父母之間的關係。我認為父母無條件的包容與支持，造就出了現在的我。

我的老婆是我醫大的同學，我們從四年級開始交往，她的支持也同樣成為了我脫離憂鬱的重要動力。從四年級的春天開始，幾乎一年來，我們每天都見面，在這個過程中，雖然進程緩慢，但我的憂鬱確實慢慢好轉了。「焦慮這頭在我心裡深根的怪物，還有看似毫無盡頭的憂鬱，總有一天會消失，我會回到原本的自己。」我努力安慰著自己，顫顫巍巍地一步一步，繼續前進。

幸好畢業到美國後，環境變化和周遭親友可靠的支持，我的適應障礙症併發憂鬱情緒逐漸緩解。但是焦慮的症狀，只不過是稍微緩和，並沒有太大的改善。從在美國攻讀公共衛生碩士學程，一直到當上住院醫師的這段期間，焦慮症依然伴隨著我。

其實從某個角度說來，我這段艱辛的時光對於某些人來說，也許就像小孩子在發牢騷。不對，應該說，甚至連我這個當事人也這麼覺得。這本書寫作的初期，英國精神科醫師琳達．嘉絲克博士（Linda Gask）邀請我為她的著作《我跟你一樣絕望，我是你的心理醫師》寫推薦詞。

這本書從嘉絲克博士兒時父親離世的故事說起，講述了她和憂鬱症共存的生命歷程。每當我閱讀嘉絲克博士的人生經歷，我總會感到我所經歷的艱辛，根本微不足道。她的人生任誰看來都覺得很痛苦，相形之下，我的痛苦根本微不足道。不知不覺間，我發現我會不斷反問自己：

「這些內容真的值得收錄在書裡嗎？對那些比我更辛苦的人來說，會不會根本不足掛齒？」

但我很快就整理好思緒了。因為身為精神科醫師，我所學到的一件事，就是「比較每個人主觀的痛苦，是毫無意義的行為」。事實上，安慰一個人最無效的方法，就是「拿他主觀、極度個人化的痛苦，跟其他人的苦難比較」。當親友向我們訴苦的時候，我們常常會說：「至少你的狀況比○○好。」但這種話不會帶來任何安慰，所有的痛苦都是主觀的。

所以我決定堂堂正正面對我過去的痛苦。即使對於某些人來說，這些事情根本不足為道，但當年我確實很痛苦，未來看似一片漆黑。我之所以要鼓起勇氣，是因為也許有一些讀者，也因為類似的原因，跟過去的我一樣痛苦。

我們習慣拿自己的痛苦和別人比較，也許這導致我們內心即使化膿了，卻依舊不願表露出痛苦，也導致我們經常責備遍體鱗傷的自己，認為「別人比我更辛苦，日子也照樣在過，我怎麼這麼玻璃心？」

但身為精神科醫師，我可以很肯定說：「這種想法絕對是錯的。」第一個原因是，看起來過得超好的人，實際上也可能過得不太好。在醫學院那段時期，我以為只有我自己過得很痛苦，不敢跟周遭的友人傾訴。但後來我才知道，原來也有很多人跟我一樣，默默承受著痛苦，甚至留級。而且，我每天都會在治療室裡看到一堆外表正常、內心卻在腐爛的人們。在我面前坦言自己過得多辛苦的這個人，說不定在某個地方，有某個人正在羨慕著他，覺得「他的人生真的太完美了」。所以說，拿自己的痛苦跟別人比較，是多麼沒意義的一件事啊。

第二個原因是，痛苦不是因為脆弱，你的心也會生病，並不是只有經歷過嚴重創傷的人，才有生病的資格。我遇到的個案裡，確實有些人經歷過創傷，但是更多的人是在沒有創傷的情況下，承受著痛苦。

所以說，如果有人聽完我的經驗談後，覺得「他竟然因為這點小事要脾氣嗎？」那我的真情告白就達到一半的目的了。因為我想讓更多人知道，對於某個人來說毫不起眼的小事，對某些人來說卻可能十分痛苦，甚至痛苦到讓他不想繼續活在這個世界上，難以繼續日常生活。

每個人，都有生病的權利。

「對憂鬱症的人說：『這世界有多麼美麗，有多少他們值得感恩和幸福的理由。』就像是在對色盲症患者說：『你看看這世界多麼七彩繽紛。』」

——亞堤克斯（Atticus）

第2章

現在，
可以停止自責了

「醫生是個好職業，但它也只不過是份工作罷了。人生還有很多更重要的事情，我尊重你的選擇。」

這段文字擷取自，我要轉調紐約醫院時，梅約醫學中心（Mayo Clinic）的同事寄給我的郵件。我很感謝他尊重我的選擇，但這份感謝很短暫，反倒是那句「醫生也只不過是份工作罷了」讓我非常衝擊。我在螢幕面前呆滯了好一會，遲遲無法回神。

這句不起眼的話有什麼好衝擊的？也許是因為，我這輩子被灌輸的價值觀，正好跟他相反。

從小，社會賦予我們的壓力是，「要找到自己怦然心動、願意付出一切的工作」。比方說，電視和新聞上的人總會說，孩子應該要有雄心壯志；占據書店層架的自我成長類書籍，也不斷鼓吹年輕人要「瘋狂投入」某件事情；名人自傳都在闡述著美好的故事，說他們從小就朝著某個夢想前進，最後終於功成名就。而且這類書籍，往往都會被列入十幾、二十歲青年的必讀書單。

在這種社會氛圍下，二十幾歲的我不斷尋找著自己的夢想。然後不知不覺間，我開始關注起了心理健康的問題。從心理學系畢業後，我又為了當上精神科醫師，再去就讀醫學專門研究所。幾經波折之後我畢業了，才終於實現我要成為精神科醫師的「夢想」。

然而，我才當上精神科醫師不到一年，卻從朋友嘴裡聽到「這只不過是份工作」。我一直以來都認為，人好像必須做一份會讓自己心跳加速的工作，要勇敢追夢才稱得上年輕人，然而他讓我看見了完全不同的觀點。

「醫生是個好職業，但它也只不過是份工作罷了。」

我雖然無法完全接受他的觀點，但神奇的是，自從聽到這句話之後，我人生中的很多壓力都消失了。更準確的說法是，我現在還是會因為醫師這個職業所遇到的各種事情而煩惱，但不會影響到我「工作以外的日常生活」。即使工作上遇到困難或不愉快的事情，回到家後，我會自然忘掉這一切，對個案的擔憂不會影響我下班後跟家人共度的日常生活。

但這不代表我不重視這些事情。我會特別這麼說，是擔心有些人誤會我對個案不用心。隔天上班的時候，我還是會繼續前一天的思辨，思考我能再為個案多做一點什麼，不斷深入探究怎麼做才能讓個案的狀態好轉。我甚至常常陷入沉思，意識不到時間的流逝。

我依然很支持追夢的青年，至於認為青年就應該勇於追夢的那些人，我也尊重他們的意見。我至今仍然是理想主義者，但韓國社會，把工作看作是人生中至關重要的「地基」，傾向於把職業和自我認同畫上等號。我想，如果我能稍微提出一個不同的觀點，或許蠻有意義的吧？

我很感謝這份職業。每當我和個案晤談的時候，不僅只是專注在眼前的人，也會不斷努力，盡可能減少他們的痛苦。但「精神科醫師」不過是我工作的頭銜，並不能定義「羅鍾浩」這個人。只要這麼想，就算我被個案解僱（fire，美國認為個案跟醫師是一起共事〔work with〕的關係，所以經常使用個案「解僱」精神科醫師這種表達方式），即使個案罵我，或甚至當我覺得自己作為精神科醫師，表現好像不夠突出，也依然不會改變我日常生活的豐饒。工作就是工作，我的個人生活是屬於我的地盤，與工作互不干涉。

認知到這件事情後，我在職場上的情緒不會轉嫁給家人，也可以保持日常生活的平靜，還能維持我的心理健康。我認為，多虧了那位朋友的一句話，讓我可以在精神層面上把工作和生活分開，我才得以在如此繁忙的生活中，從來沒有經歷過職業倦怠。反過來說，也因為我有這樣的心態，我才能成為更好的精神科醫師。

我的導師，大多是一輩子待在名門大學，發表過數百篇論文的權威。但就連數十年來在單一領域上功成名就的他們，就算才退休短短幾年，退休後也立刻被世人所遺忘，這種情況屢見不鮮。除了退休以外，不管工作能力再出色，只要因故不能繼續上工，公司不久之後也能找到另一個人，頂替他們原本的位置。大多數人都在為了工作「拼死拼活」，然而事實上，我們輕易就可以被取代。反而是因為工作經常被疏忽的「家庭」，才是不可或缺的存在。我總是努力不斷提醒自己這件事。

有一天，我和一位退休教授在談論關於研究的問題。忽然間，他似乎想起了什麼，露出微笑，問我：

「羅教授最近有常常陪伴孩子嗎？」

我遲疑了一下，沒能回答他的問題，接著他輕拍我的肩說：

「回首過去，我曾經在最知名的期刊上發表論文。但比起這些，更讓我記憶深刻的，反而是女兒的畢業公演，還有跟兒子一起去釣魚的回憶……所以說，你也不要為了這一篇篇的論文，讓自己壓力太大了。」

如果我是你，我也會這麼做

最早萌生想在美國生活的念頭，不是在紐約實習的時候，而是在更久以前的高中時期。當時因為朴贊浩選手的關係，我很喜歡看大聯盟的棒球比賽。某天，當年紐約大都會隊的王牌先發投手湯姆．葛拉文（Tom Glavine），在最後一場決定他能否進軍季後賽的例行賽上，被對手狠狠修理一頓，然後黯然離場。他在丟了七分的情況下，連一局都還沒打完，就走下了投手丘。搞砸了決定季後賽資格的最後一場比賽，葛拉文當然飽受批評。後來，我讀了一篇他的訪問報導，大吃一驚。

「記者不斷問我，是不是很絕望，但我只有對自己感到失望而已。

昨天的比賽對我們來說非常重要，不只我對自己感到失望，我也讓身邊的人失望了。但我不會因為一場棒球比賽而感到『絕望』。例如，我女兒的朋友，最近因為發現了惡性腫瘤，不得不進行腿部截肢，這種情況才叫『絕望』。我當然對自己很失望，但明天依然一如往常，女兒依然會擁抱我，對我來說沒什麼事比這件事更重要。」

當時的韓國社會，還把「某位演員在母親離世的情況下，仍然繼續拍攝工作」當成佳話。在這種環境下，葛拉文的發言帶給我非常大的衝擊。似乎從那時候開始，我就產生毫無根據的幻想，認為「美國是非常重視家庭的社會」。坦白說，住在美國之後，我對美國的很多幻想都破滅了，但對於這件事的幻想，至今還沒幻滅。

我還在讀大學的時候，柳賢振選手的同事兼洛杉磯道奇的王牌投手扎克・格林基（Zack Greinke）創下了美國大聯盟連續無失分的紀錄，但在這種情況下，他依然為了陪伴老婆生產，放棄先發上場的機會。對投手來說，調整狀態和維持例行節奏有如生命般重要，跳過一次登板的機會，等於大幅降低他創下偉大紀錄的可能性。不出所料，他下次再以先發投手的身分站上投手丘的時候，就失分了，也失去了在大聯盟上名流千史的機會。

同一時期，韓國職棒甚至還在爭論，孫兒葉選手會不會因為父親逝世，退出百餘場例行賽中的其中一場，可見當時格林基的事件，對我來說的意義有多重大。雖然看幾場棒球比賽，就下定決心要去美國生活，回想起來挺可笑的，但看著這一連串的例子，我開始希望「有更多時間跟家人相處在一起」。漸漸的，我覺得美國生活更接近於我的理想。

這些事情再加上難忘的美國實習經驗，後來我一直把美國當成理想國度。雖然我知道，要面對完全不同的環境並不輕鬆，但當年的我，就像是在沙漠中漫步，我必須要相信綠洲的存在，才能一步一腳印，繼續堅持下去。現在，我非常清楚在美國生活一點都不浪漫，還時常陷入鄉愁，思念韓國。但當年的我如果沒有這份信念，好像就會活不下去。即便當時我身邊的人，可能會不太喜歡陷入「美國夢」的我（雖然現在我的「美國夢」已經醒了，而且我發現要打醒自己的方法，就是直接去美國生活）。

也許是因為這樣，大學時期只要我提到美國夢，就會有幾個人用尖酸刻薄的語氣指責我說：

「你以為到美國你會有什麼不同？人在哪裡生活都一樣。」

但對於飢渴難耐的我而言，如果同意他們的說法，認同綠洲根本不存在，就等於我失去了原動力，所以我只能無條件否認他們的說詞。社會科學的前提建立在「環境的重要性」之上，然而他們這類的觀點，似乎否定了這個理論。對於在社會科學學院主修心理學的我而言，當然不能認同他們的看法。我的想法至今都沒有改變。人類生活的地方千差萬別，韓國跟美國完全不同，人們的生活「並不完全一樣」。在美國，甚至不同州的人，生活方式也有很大的差異。稍微誇飾一點來說，紐約跟首爾的差距，也許就像紐約跟密西西比州的差距一樣大。

雖然我的美國夢已經完全醒了，但如果有人問我：「再回到十年前，你還是會想到美國學醫嗎？」我覺得答案應該不會改變，我依然會到美國。其他理由其實都是次要的，讓我最想去美國的原因是「和家人共度更多時光」，而我也實現了這個目標。對我來說，跟家人一起相處的時光無比珍貴。

我的第一年精神科住院醫師訓練，是在梅約醫學中心。我跟家人之所以不用分隔兩地，可以聚在一起，背後多虧了梅約醫學中心恩師的傾囊相助。梅約醫學中心位於明尼蘇達州，雖然在韓國不太有名，但在美國卻是醫療系統和職場文化最理想的醫院之一。我在那裡接受第一年的精神科住院醫師訓練，當時是我人生第一次體悟到，原來醫學這門學問，不一定要如此冷漠無情；原來住院醫師訓練也可以在充滿鼓勵和稱讚的環境下進行。雖然這裡的訓練環境很好，讓我有著滿滿美好的回憶，但因為老婆工作的關係，我最終還是決定離開梅約醫學中心，到紐約的醫院就職。美國精神科醫師的訓練為期四年，為了可以在第一年受訓結束之後，直接到另一間醫院開始第二年的訓練，所以我在梅約受訓短短六個月後，就開始準備離職了。

雖然不常見，但美國確實有住院醫師在訓練期間轉院的案例。畢竟美國的國土面積非常廣，若遇到家庭有不可抗力的因素，就會選擇轉院。不過這真的不是常見的案例，所以我一直不知道該如何向指導教授和住院醫師訓練計畫負責人（program director，PD）開口。對於長年習慣韓國式思維的我來說，不管出於什麼原因，換醫院訓練就像是一種「背叛」。我在拖到不能再拖的情況下，跟ＰＤ約好時間，赴面的時候，好不容易才開口告訴她實情。這位教授對我們有時像是媽媽，有時又喜惡分明，說話直接了當。我盡可能保持冷靜沉著，不帶任何感情，我向她解釋我們家的處境，以及為什麼我需要「離職」。我發言時小心翼翼、提心吊膽，但教授似乎感到有點不適，皺著眉頭，向我開口。那瞬間我心想：「她果然很不爽。」我的擔憂瞬間湧了上來。

「羅醫師，你不必考慮我們，只要做出對你最好的選擇就行了。」

意外的回答讓我嚇了一跳。對於在韓國完成所有學業課程的我來說，教授至今依然令人敬畏。儘管跟韓國比起來，美國教授和住院醫師間的關係較為平等，但是ＰＤ跟住院醫師的關係就非常特別了。由於他們握有住院醫師任用與否的生殺大權，所以只要ＰＤ狠下心來，住院醫師的生涯很可能會變得非常艱辛，因此跟他們講話的時候，需要格外謹慎。

我沒料到她會生氣，但是我預期的是，她大概會跟我說：「為了同事好，你要不要再考慮看看？」「三年的時間不長，為了你的職涯，要不要暫時和家人分隔兩地？」然而她卻繼續語出驚人。

「我認為失去你是我們醫院巨大的損失。我真的不想讓你離開，假如你離開，我會非常心痛，但你必須做出對你和家人來說最好的選擇。有什麼地方我可以幫得上忙嗎？你需要推薦信嗎？還是你壓力太大，需要休息？有什麼需求都可以說出來。這情況真是令人火大，對吧？真該死。我稍微爆點粗口，沒關係吧？」

面對意料之外的反應，我安撫一下自己有點受驚的心情，順利結束了談話，然後滿懷感激地離開了那裡。

接下來，輪到要和指導教授開口的時候了。從我當上住院醫師起，我的指導教授就比任何人都更信任我，全方面支持著我。他的母親是韓國人，父親是白人，而他每個禮拜不僅會抽出時間給我，還會借我他在住院醫師時期讀的書。由於我對美國醫院的文化不太熟悉，他一樣一樣教導著我，教我怎麼接電話、如何向患者報告，如何分析數據，以及如何撰寫論文，就好比是父母教孩子走路一般，帶領著我。他比任何人都對我更疼愛有加。比起ＰＤ，我更難以向他開口。但我想起家人，馬上調整好心態，向他傳達了我的決定。

「教授，我也很想留在梅約醫學中心，但考量到我即將出生的女兒，我實在沒辦法跟老婆和女兒分開生活，所以我可能準備要換工作了。」

教授一臉真摯，聆聽著我。他突然露出了微笑。

「如果我是你，我也會這麼做。假如我遇到相同的處境，也會做出同樣的決定。」

再一次出乎意料的答案，這次，我的淚水不受控制湧泉而出。我收到這麼多的關愛，結果我才在這裡工作六個月，只完成了四年訓練裡的第一年，就說要離開。我的教授卻還是平心靜氣，完全理解我的處境，我的情緒瞬間潰堤。老師看著情緒激動、淚流滿面的我，拍一拍我的肩說道：

「羅醫師，忽視家庭的男人成不了大器。如果你做的不是這個決定，而是其他決定，我反而會對你感到失望。轉院這件事，你不需要對我或是其他人感到抱歉，你做了最正確的決定。」

然後教授問我，還有誰知道這件事。我跟他說，除了他以外，我上午還告訴了負責訓練住院醫師的教授，並補充說道，那位教授也答應會全力支持我。接著他露出了笑容說：

「兩位shrink（美國稱呼精神科醫師的俚語）對事情看法相同的情況很罕見，所以說，你做的決定是正確的。走吧，去喝杯咖啡吧？」

去喝咖啡的途中，教授一直在建議我未來該如何規劃，如何為換工作做準備。他同時還答應我，他會跟ＰＤ談談，給予我最好的援助。

回家的路上，我一把鼻涕一把眼淚，手機上跳出了收到郵件的通知，是指導教授寄給我的信，「你優先考量家人，是正確的決定，不要再為此感到抱歉了。」他還溫柔地告訴我，遠距離指導也是可行的長期關係，叫我不別太擔心。那天，好像是我有史以來第一次這麼想：

「選擇來美國，真是太好了。」

我雖然做了很久的美國夢，想去看看更寬廣的世界、想站在更大的舞台上、想接受最頂尖的教育、想學習最頂尖的技術……但比起這些，對我個人而言，更重要的原因是：「我想生活在以家庭為重的社會」。似乎也是因此，梅約醫學中心被稱為「醫療界的迪士尼」，但就算我在梅約醫學中心受訓，我也不曾覺得來美國真是來對了。梅約醫學中心確實擁有如想像般完美的工作環境，但對故國的思念、無法使用母語的鬱悶，以及些微的文化隔閡，始終無法讓我覺得「真是來對了」，總覺得還是缺了些什麼。對於這樣的我來說，和這兩位教授的晤面，把我對「待在美國」的猶豫，轉變成了堅定的信念。

多虧了有這麼多人，願意欣然站在我的立場，告訴我：「如果我是你，我也會這麼做。」我才得以帶著他們溫暖又堅定的支持，離開第一家迎接我的醫院，轉到紐約大學就職。

醫生的使命究竟為了誰？

雖然我在梅約醫學中心服務的時間只有短短不到一年，但一位住在高齡病房的失智奶奶，至今仍令我印象深刻。奶奶過去總是非常開朗，但隨著她的被害妄想症和幻嗅症（聞到不存在的味道，屬於一種幻覺）日益加劇，她住進了病房。她堅信隔壁鄰居在製作毒品，她幻想毒品的味道越來越濃（實際上不存在這個味道），而且鄰居會傷害她，最後被老公帶來了醫院。奶奶入院之後症狀絲毫沒有好轉，而且不斷惡化，是我最掛心的病人之一。

奶奶出院前一天，突然提到她腳趾很痛，但先前她從來沒提過。雖然檢查結果沒有任何問題，但因為擔心奶奶的狀況，我叮囑奶奶，她一定要把腳趾痛的事告訴原本的主治醫師，也跟她說，我會特別交代爺爺這件事。這個時候，奶奶突然不斷落淚。她說：「還好我的醫師是你。」我有些手足無措，我問奶奶為什麼這麼想，她止住淚水告訴我：

「這段時間，看醫生帶給我很多不好的經驗，但是你卻不會。能夠遇見你真是太好了，謝謝你。」

一瞬間，我開始自我反省。我心想：「原來個案都記得，即便他們的大腦已經不記得了。」坦白說，我每次在幫奶奶看診的時候都會懷疑「奶奶真的記得我嗎？」因為奶奶都會用素昧平生的表情看著我。雖然有些羞愧，但老實說，我當時認為反正奶奶也不記得我，所以跟其他個案比起來，我和奶奶對話的時間確實比較少。

雖然奶奶一直到出院一天，還是記不住我的名字，但她卻清楚記得醫生對待她的方式。那天的經歷成為了一個契機，我下定決心，不管遇到什麼個案，就算他們每次見到我的時候都會問我是誰，我還是要竭盡全力幫助他們。

剛開始在梅約醫學中心受訓的時候，英文對我來說仍然是一大障礙。不管是傾聽個案，還是提供我的觀點給個案參考，都不簡單。每次我因為晤談做得不好，被教授訓斥時，甚至還會覺得很惆悵，覺得「如果可以用韓文晤談，我應該可以成為更好的醫生」。

某一天，韓國精神科醫師李侑珍短暫來訪梅約醫學中心，我有了和她晤談的機會。聽完我的煩惱之後，她跟我說：

「只要你是真心想幫助個案，就算語言有點隔閡，個案還是會信任醫生。精神科的個案都很敏感，他們都知道眼前這個人是真心為了自己好，還是裝出來的。」

我獲得了大大的安慰，與此同時，我也做了很多省思。在那之前，每當會診或討論個案處置方式的時候，我關注的並不是個案本身，反而更在意我身旁的教授。在諮商晤談時也是，我會思考「如果我說出這句話，教授會怎麼評價我？」「假如用這種方式晤談，會不會被教授罵？」我整個腦海裡都充斥著「教授的評判」，即便個案就坐在我的面前。

開藥物處方的時候也一樣。我時常在想：「我努力查了這麼多論文，教授如果知道的話，應該會很滿意吧？」雖然有些羞愧，但坦白說，我最重視的也許不是治療個案，而是怎麼做才能少挨點罵、才能獲得教授的讚賞。

我認為這種傾向，跟我經歷過的教育環境有關。回首過去，不管在學校還是軍隊，我接受的教育是要想辦法獲得他人的稱讚，一旦做錯事就會被訓斥。我並不想批評這是韓國的問題，也不想抨擊韓國教育的現況，但不是因為，我在韓國的就學經歷跟實情有出入，只是因為，我對其他國家的教育方式不太了解。也許在美國的某個州、某個學校，說不定也採取這樣的教育方式。

我可以肯定的是，我很討厭這種教育方式。不管在高中、軍隊、醫大，有些老師和教授總喜歡在別人面前羞辱他人，或是說一些侮辱人格的發言，只要他們開口訓斥別人，我都感到無比厭惡。但最諷刺的是，這些經驗卻造就出了現在的我。更準確的說法是，在意他人（特別是上位者）的評價，早已不知不覺間「內化」成了我的一部分。

但如果說和奶奶的相遇以及和李侑珍老師的對話，讓我一百八十度大轉變，那絕對是謊話。長年來的習慣，早已成為我部分身體的慣性，如果只花一天就能改變，那這世界怎麼還有人因為精神疾病而受苦？但至少從那之後，我就一直不斷努力，真心為我眼前的個案著想。諮商晤談的過程中，比起指導教授，我更用心傾聽個案的言談和情緒，為了讓個案可以感受到這一點，我也盡可能傳遞著我的真心誠意。漸漸的，我對英文的想法也發生了變化。我不斷告訴自己：「我的英文雖然不完美，但我是真心為個案著想的醫師。」應該說，我沒有那麼在意自己英文的好壞了。

我之所以決定到梅約醫學中心實習，是因為梅約醫學中心的精神。威廉．詹姆斯．梅約（William J. Mayo）是梅約醫學中心的創始人之一，他留下了許多名言，其中一句最能體現梅約醫學中心價值觀的話就是：

「病人最大的利益，是我們唯一的關注。」

我至今仍然很感謝，能在梅約醫學中心跨出我醫師生涯的第一步。醫院這個空間和醫學這門學問，總是相對保守、十分緊張、稍嫌冷漠，就連美國也不例外。但在梅約醫學中心工作的那一年，我經常感嘆，原來醫學這門學問也能在如此溫馨的環境下進行。理想可以幻化成現實，是這裡帶給我最大的體悟。

最重要的是，我永遠不會忘記，當我決定為了家人換工作，敞開心扉表述實情時，收到的那些鼓勵。自那以後，每當我站在人生的十字路口，我跟梅約的緣分總是會浮現在我的心中，給予我建議，提醒著我：家人永遠是第一順位、要傾聽坐在我眼前的個案。也許就是這些教訓，成就了現在的我。明尼蘇達州是我女兒的故鄉，也是我心深處最珍貴的地方。

穿別人的鞋走路

「如果我是你，我也會這麼做。」

換工作之後，在美國生活的日子裡，除了朋友以外，我也經常從同事、職場上司身上聽到這句話。每當我站在職涯的難關、站在人生重大的交叉路口上，這句話總是會在我做決定的時候，帶給我很大的力量。

住院醫師時期，幾乎算是我在美國生活剛起步的時期。「如果我是你，我也會這麼做。」當年教授的這句話深深感動了我，那時我以為，這只是單純美國和韓國社會的文化或同理能力有所差異。

但隨著我在美國的生活經驗越來越豐富，我過去對美國社會抱持的幻想逐漸破滅，我也開始思考，是什麼背景因素造就出了這種對話？我認識的韓國人，比美國人更重感情，也更溫暖，但為什麼我在韓國卻從來沒有這種經驗？我持續反問自己。經過大量觀察、分析和深思後的結果，我找到的原因是，「社會運作容量的差異」。

明尼蘇達州的人口不到十萬人，梅約醫學中心位於明尼蘇達州底下，一個名為羅徹斯特的小城市，那裡的一切都很悠閒。醫院的營運量大約只維持在人力最大負荷量的六〇到七〇%左右。醫院資源豐富，而且分工非常清楚。例如，我在梅約醫學中心實習的這一年，從來沒替個案抽過血，因為專門負責抽血的人力很充足（聽說還細分成抽左手和右手的人員，不過這個說法我沒有親自確認過）。所以即便我休假幾天，分配給同事的工作也不會太多。孩子剛出生的時候，身為實習醫師的我請了兩週陪產假，完全不需要看臉色。甚至我換工作，離開梅約醫學中心後，即使有充足的應聘者，他們依然沒有再聘用住院醫師填補空缺。人力充足到，即便少了一位住院醫師也看不出來。

如此理想的工作環境，到了美國最大的城市卻截然不同。在美國精神科界裡，紐約大學精神科住院醫師的受訓過程，以臨床訓練非常嚴苛著稱。我們要輪流在貝爾維尤醫院（Bellevue Hospital）、紐約大學醫院（NYU Langone Health）、曼哈頓紐約港退伍軍人醫院（VA NY Harbor Healthcare System）等三家醫院工作。這三家醫院位於曼哈頓東邊，沿著南北向的東河，整整橫跨了十個街區。雖然住院醫師人數比梅約醫學中心多出不少，但因為要在三家大醫院底下工作，值班的時間比梅約醫學中心多了一倍，工時變長了，工作強度也大上許多。紐約大學同期的住院醫師說，他們在實習的時候，每天都要抽血。在梅約醫學中心值班的時候，只要遇到五、六個入院的病人就算很忙了，但來到紐約大學之後，一天只有五、六個病人卻算是幸運。因為環境繁忙，住院醫師需要分擔的工作也相對較多。若以最寬鬆的標準來看，紐約醫院的營運量大約落在八〇至九〇％。住院醫師休假的時候，不只要看ＰＤ的臉色，懷孕的同事也經常在預產期前值班。假如住院醫師因故辭職，不管用什麼方式，醫院都一定會找到替代的人力。我也是因為某位住院醫師轉到內科，醫院有空缺，才能在紐約大學工作。

至於韓國呢？我認為韓國是一個營運量高達一二〇％以上的國家。以我最熟知的醫師為例，韓國住院醫師的工作強度跟美國簡直無法相提並論，疲勞的程度惡名昭彰。我當年之所以考慮在美國受訓，其中一個原因就是，學生時期我看著住院醫師的工作強度，早就認為我實在承受不了。

打探一下身邊的醫生，因為韓國住院醫師實在太累，所以很多人會選擇擺脫這份工作，中途「逃亡」。在這種超出最高負載量的狀態下生活，只要有一個人離開，大家就必須分攤他的工作，其他同期自然忙得要死。所以說，如果真的有同期「落跑」，比起掛念他未來的出路，還不如先擔心眼前的自己。在這種處境下，還能溫暖告訴對方「如果我是你，我也會落跑」，應該能譽為聖人了。

我曾經在某次演講上提到，只要把「只有你很累嗎？我也累得半死啊！」稍微改成「我以為只有我很累，原來你也很辛苦。」就可以解決韓國社會很多的問題。韓國社會許多問題都源自於「無法同理他人」。乍看之下，這個問題很簡單，只要提升「個人同理能力」就能解決，但是在這個運轉量過載的社會下，卻是一個難以實踐的解決方案。

我很喜歡「walk a mile in one's shoes」（穿著別人的鞋走一哩路，按：指「將心比心，設身處地為他人著想」）這句英文俚語。作為一位精神科醫師，我要不帶偏見，不去隨意批判別人的經歷、觀點和人生，努力穿著個案的鞋子走路。我相信這種態度，才能讓我們的社會更溫暖。但在韓國這種，像超高速跑步機一樣高速運轉的社會底下，我們常常連自己的鞋子都保不住了，究竟有多少人還有餘力，去穿上別人的鞋？

我剛到美國，就曾經遇到一個帶給我文化衝擊的場面。當年我剛當上住院醫師，還是一位菜鳥。某位只比我資深一年的第二年住院醫師，在下午一點左右接到電話，他跟第四年的資深住院醫師說：「我得先走了。」然後就早退了。孩子生病早退，在美國是再平常不過的事了。但這件事有一個重要的大前提：其他同事沒有必要接替這位同事的工作。

在運轉量能一二〇％的韓國社會，這個前提就已經不成立了。相較於以八〇％的量能在運作，永遠都留下二〇％可用量能的社會，我們當然很難同理他人。歸根究底，問題的原因不就是「在這個環境下，所有人都又忙又累」嗎？

我遇到很多願意穿上我的鞋子，設身處地為我著想的人，他們的善意讓我走到了今天。所以我相信，「穿著別人的鞋子互相同理的社會」

不會只能是好聽的理想，而是真的可以實現。不過要達到這個目標，首先在這個社會裡，每個人要先確保自己有立足之地。為了讓彼此能夠同理，我們的社會也許該放慢腳步了吧？在遙遠的美國國土上，當我透過新聞和社群媒體，看到韓國社會像跑步機一樣讓人喘不過氣，仍然會讓我苦澀地想起，我剛到美國時第一個經歷的文化衝擊。

你的心如果下雨了，我願意為你撐傘

「作為精神科醫師，要一直同理那些心累的人，不會很累嗎？」

我經常被問到這個問題。也許是因為，我在《劉 QUIZ》上提到「我曾經在個案面前大哭了一場」，才讓他們產生了這種想法。我想藉此澄清一下，我沒有在個案面前落淚，是在跟指導教授討論個案時哭的。可能因為電視節目長度有限，才剪接成那樣了。雖然說，醫師在個案面前流淚，對於個案來說也是一種治療，但我至今沒有在診間大哭過。

又或者是因為，大家都認為精神科醫師是提供「情緒同理」的人。通常提到同理心，大家都會先想到情緒同理，容易讓人聯想到跟著對方一起陷入悲傷，共同心痛落淚的樣子。有句話說：「分享悲傷，痛苦減半。」真心誠意感受他人的痛苦，確實可以減輕對方的痛苦。

不過還有另一種同理叫做「認知同理」。作為精神科醫師，必要時我會給予情緒同理，但我更偏向努力做到「認知同理」。如果說，情緒同理是去感受他人目前的情緒，那麼認知同理就是把「自己」放在「對方」的位置上，站在對方的立場思考，打個比方就是：「穿上他人的鞋子走一哩路」。透過這個練習，我們可以從理性的角度，理解他人的想法和感受。

認知同理心不專屬於精神科醫師，所有人都可以嘗試。換位思考沒有想像中困難，雖然每個人能做到的程度不同，但人人都具備認知同理的能力。閱讀小說或看電影時，我們之所以能以主角的角度看事情，也是基於認知同理的能力。我建議大家，可以像閱讀一樣，每天或每個禮拜一次，定義好目標，站在他人的立場上看事情，練習「培養認知同理心」。這個龐大的社會，很難快速地改變，但是同理練習，是我們每個人都能嘗試，微小卻強而有力的改變。

這個超高速運轉的社會，一夕之間難以變化。即便如此，如果選擇消極等待，抱持著「反正所有人都很疲憊，等到這個社會改變之前，我也只能無可奈何繼續生活」的態度，那未免也太折磨人了。從個人出發，練習同理，肯定會對改變世界和改變我們帶來幫助。大家往往認為，同理能力是一種與生俱來的特質，但其實同理能力就好比是我們身體的肌肉，可以透過練習和訓練獲得發展。

接著我們可以開始換位思考，感受他人的情緒，陪伴對方一起哭、一起笑，最終走向「compassion」（超越單純的同理，能減輕他人痛苦的階段）。越是理解對方的心情，就越想幫助對方，這是很自然的。如果把情緒同理比喻成陪著淋雨的人一起淋雨，那「compassion」更像是為淋雨的人「撐一把傘」。

就像當年要離開梅約醫學中心，ＰＤ和指導教授聽著我的說詞時，並沒有落淚或表現出強烈的情感同理。但他們站在我的立場，換位思考，努力理解我為什麼下定決心要換工作。不僅如此，他們還積極思考如何減輕我的痛苦，甚至在我換工作的過程中，出手幫忙。當時真正落淚的人，是被同理的當事人，也就是我。另一個聽到我要換工作的同期，也是這樣跟我說的：

「如果我的女友在其他州找到工作，我也會跟著她一起離開，不然我的生活會變得很痛苦。但你的對象甚至不是女友，是老婆，還有一個即將出生的孩子，你當然要離開啊。我全力支持你的決定。」

最終，我透過認知同理練習，在不過度消耗自我情緒的情況下，能夠理解他人的立場，同時還能為對方減輕痛苦。只有當我們小心翼翼，把腳放進別人的鞋子裡，同理他人的時候，我們才可以說出：

「我以為只有我很累，原來你也很辛苦。」

努力不會背叛你，真的嗎？

剛成為住院醫師的時候，日子真的很辛苦，我甚至還考慮過要不要回韓國。特別是第二年，我必須花一個半到兩小時通勤到曼哈頓對岸的皇后區值班，每當這種時候，我都覺得我的壽命在減少。但隨著經驗的累積，我成為資深住院醫師，開始適應美國文化和語言後，我慢慢變得游刃有餘。自此之後，我開始透過接觸個案和新朋友，從他們的生命歷程中汲取了很多事情。

每當和個案晤面的時候，我經常告訴自己：「我必須更加謙虛。」雖然現代醫學已經發展有成，但我們對於人類的心智和精神疾病的理解仍只有冰山一角，特別是，當我在了解不同個案的生命歷程時，這種想法就越強烈。舉例來說，自從我成為醫生之後，我就不再認同「努力不會背叛你」、「做就對了」等諸如此類的說法。因為我在診間裡遇到很多努力、善良、腳踏實地，但卻被努力背叛的例子。

我在貝爾維尤醫院遇到一位五十歲的白人男子，他原本是美國最頂尖的菁英，在數一數二的公司擔任高層，在中央公園附近的富人區裡擁有一間高級公寓，經濟能力非常好。但是失去妻子後的他，掉入了憂鬱症的深淵，此後他不僅酒精成癮，某天還在朋友的慫恿下，開始使用毒品安慰自己。隨著成癮的情況越來越惡化，他不只丟了工作，甚至失去所有財產，成為了露宿者。我第一次見到他的時候，實在不敢相信他說的是事實。但一位長期為他治療的精神科教授告訴我，他所說的全部屬實，實在讓我大吃一驚。

還有一位二十幾歲的青年，在軍隊裡遭受性暴力後患上了PTSD、憂鬱症、成癮等問題。一位十幾歲，曾經是模範生的青少年，因為被朋友排擠，一直想去自殺，飽受藥物成癮的折磨。還有一位孩子，他的父母連自己的人生都自顧不暇，他從出生的那一刻開始，就不斷被忽略和虐待，導致他年紀輕輕就反覆進出精神科病房，打從出生就沒機會過上平凡的人生。

作為精神科醫師，經常遇到上述這種完全不受自我控制，因環境問題從小就患有精神疾病，或是一夕之間遭逢創傷或患上精神疾病，造成人生出現一百八十度大轉變的例子。每當我遇到這些個案，我都覺得，我們所謂的「社會成就」是多麼海市蜃樓。

每當有好事發生，我們總會覺得是「幸運」來敲門了。看見別人碰到預期之外的好事，我們還會用「中樂透」來形容，對他投以羨慕的眼光。我以前也是這樣。但當我看著這些因為一瞬間的不幸，人生軌道完全變了樣的人們，就覺得我沒有遭遇人生厄運，就已是偌大的幸運了。

這並不是說，我看到他們的不幸，才感謝我所擁有的一切，而是我在努力提醒自己，每個人都隨時可能遇到大大小小的不幸，只是這件事還沒發生在我身上而已。所以我要時時刻刻提醒自己，我隨時可能成為可怕的創傷受害者，我說不定會經歷重大事故，變成殘疾人，也可能突然失去我的摯愛。

「努力不會背叛你」這句話之所以不再鼓舞人心，還有另一個原因。這個命題的反面，挾帶著「不成功的人就是不努力」的偏見。沒有人知道人生會怎麼發展，不論你努力與否，某天突然遇見的幸或不幸，都可能讓我們的生活天翻地覆。我所取得的社會成就，也許只是一連串幸運的眷顧，也可能只是我剛好與不幸擦身而過。這是我從個案的人生中，間接領悟到的教訓。

心理學中，有個術語叫做「歸因」（attribution）。這個詞彙出自於心理學家弗里茨・海德博士（Fritz Heider），意指人類會傾向從周遭發生的事物或自己身上尋求事發原因。某個事件發生後，人們會開始思考：「為什麼會這樣？」「他為什麼要對我說這種話？」「我為什麼這麼懶？」「為什麼這種不幸會找上我？」這種尋求事發原因的行為，就叫做歸因。人們甚至對於毫無原因的偶發事件，也有歸因的傾向。韓國有句成語叫「烏飛梨落」，是用來比喻梨子明明是自然掉落，但人類卻將其歸咎於烏鴉。

歸因大致上可分為外在歸因和內在歸因。如果向外尋求事發原因，就是外在歸因；若向內尋求就是內在歸因。仔細觀察人會在什麼情況下，用外在歸因和內在歸因，會發現很有趣的結果。許多研究結果指出，人們往往對正向結果做內在歸因，對於負面結果進行外在歸因。換句話說就是，覺得成功是因為「自己表現得很好」，但錯誤「不是因為我，而是他人或周遭環境所致」。

反之，患有PTSD或憂鬱症的人，面對錯不在己的事情，也會出現內在歸因的傾向。所以發生不好的事情，或令人髮指的事件時，創傷的受害人總是會把原因歸咎到自己身上，認為「是不是我做錯了什麼、我有什麼問題，才會導致事情發生」。相較於沒有憂鬱症的人，患有憂鬱症的人在遇到任何不幸或厄運，都更傾向把矛頭指向自己。

看到這些，我就想到從小我們被教育的那套「善有善報、惡有惡報」勸善懲惡的理論。「你的成功取決於你有多努力」，我認為這種信念，跟上面這種脫離現實的理論毫無差別。當年我在韓國的時候，也一直無法擺脫這個命題。二〇〇〇年代初期，我才剛滿二十歲，當時李承燁選手在日本職棒聯賽中成為全壘打王，表現十分亮眼。他戴的帽子上寫著「真正的努力不會背叛你」，成為熱門話題。當時「做就對了」、「做到成功為止」這類的箴言，開始像社會座右銘一樣擴散開來。在這種社會氛圍底下，大家只能從「自己」身上找原因，去了解為什麼我的努力沒有開花結果，我跟不上別人是因為我不夠努力、我不能如願以償是因為我能力不夠好。事情經過了二十幾年，這個氛圍至今卻好像沒有太大的改變。

或許因此，近年來我常看到韓國年輕人，把努力卻沒有成果的原因歸咎在自己身上，就是所謂的「自責」。即便他們飽受職業倦怠和憂鬱症所苦，依然在責怪自己意志力不足，埋怨自己不夠拼命，對自己感到失望。很多年輕人，把找不到工作歸咎在「我不夠努力」、「我的履歷不夠漂亮」，然後繼續自我鞭策。即便大企業的錄取率只有百分之一，大家爭得頭破血流，他們依然這麼想。

不僅如此，很多飽受育兒之苦的年輕父母，加班頻率有如吃飯喝水，卻還在怪罪自己，沒有好好盡到父母的責任。每當這種時候，我就會產生根本性的質疑。為什麼沒盡到父母責任是他們的錯？明明是社會應該為家庭提供幸福的根基，但這個社會，卻不給父母成為好爸媽的機會。

我在美國生活的這段日子，遇過各行各業的人，但像韓國人一樣努力過日子的人，簡直屈指可數。不對，是幾乎沒遇過。韓國人經常問我：「在美國當醫生不辛苦嗎？」每當這時候，我的答案都是千篇一律，「如果你把韓國那套搬過來，在美國不管去哪，你都會被肯定。」不限於醫療產業，所有職業都是如此。韓國人非常勤勉和努力，不管跟誰相比都毫不遜色。所以每當有人自責自己的不幸，是因為自己不夠努力、不夠優秀，我總會語重心長地跟他們說：

「這不是你的錯。」

韓國人，特別是韓國的年輕人，比這世界上任何人都更努力。如果他們坐在我面前，我想安慰他們，能在這個高速運轉的社會上堅持下去，就已經很了不起了。還有，我想告訴他們，如果你已經努力過了，事情卻還是沒能如願以償，那不是因為你努力得不夠，不要自我責備。希望你不要再折磨或怪罪已經拼了命堅持的自己。

「假如人生的成敗全靠運氣，那豈不是太空虛了？」

有一次，我說社會上的成功並不僅僅是努力帶來的結果，也可能是運氣和偶然的結合，某位學生卻反過來這樣質問我。我想說的是，雖然我認為運氣在人生中扮演著重要的角色，但我不希望各位把我的論點，理解成我對努力的質疑。努力有值得尊重的價值，本身就富有意義。但我希望各位在努力與功成名就的時候，也能意識到，除了自己付出的努力以外，裡面還存有很多人的幫助跟幸運。除此之外，我還有一個簡單的心願，我希望把這件事延伸成有建設性的討論，讓大家開始思考如何回饋社會。

電影《讓愛傳出去》（Pay it forward）的主角為了打造更美好的世界，開始向朋友提倡「讓愛傳出去」的計畫。英文的「pay back」通常是指接受了某樣東西（如金錢、恩惠）後，再償還、回報給對方。反過來說，「pay forward」就是在收取前，「先付出」。主角相信，如果可以先幫助三位跟自己毫無關係的陌生人，接收善舉的人，又會再幫助另外三個人，良性循環便會以幾何級數倍增，從而創造出更美好的世界。對我來說，我之所以能在美國生活，就是「Pay it forward」所創造出來的結果。所以這部電影想傳遞的訊息，一直烙印在我的心中。

十幾年前我之所以可以踏上美國，是因為某位耶魯大學的韓裔美籍教授，願意收我當他的助理。他為了學術發表到訪韓國，而我卻沒頭沒腦用韓文寄郵件給他，跟他約時間見面。在初次見面的場合上，我告訴他：「我想在美國幫您做研究。」坦白說，雖然我說的是「幫」，但更準確的說法應該是「請您教我」才對，因為我是一位研究經驗不足，剛拿到醫師執照的菜鳥。但教授不僅爽快答應了我，還在精神跟物質方面，同時給予我引導。在教授系統性的指導下，短短不到一年，我已經在國際學術期刊上發表了兩篇論文，對我日後申請住院醫師帶來了莫大的幫助。我最後一天為教授工作的時候，他對我說了一段溫暖的話，我至今仍記憶猶新。

「我非常確定，羅醫師肯定會成為一位很棒的精神科醫師。不管到哪裡，對個案來說，你都會是一位好醫生。」

我常常回憶起，我之所以能在美國熬過艱辛的第一年住院醫師生活，也是多虧了教授當時的這段話，帶給了我動力。我雖然是正正當當的住院醫師，但看著自己連美國醫學系的學生都比不上，我的自信心總是不斷下滑。每當這種時候，我就會默默想起當年教授堅定的話語，然後找回自己的意志力，繼續一步一步慢慢前進。

還有另一位耶魯大學的前輩，也非常照顧我，幫了我很多忙。從申請住院醫師，一直到美國的實習，甚至是推薦信，都有他的幫忙。我甚至還會懷疑：「我真的可以接受這麼多幫助嗎？」每當我由衷表達感謝時，前輩都會跟我說：

「我跟你一樣，剛到美國的時候，我的導師幫了我很多忙。當時他跟我說：『以後，你把受過的幫助，回饋給其他人就行了。』所以你也別想著要還我人情，多多去幫助其他的人吧。」

聽到這句話，讓我想起了《讓愛傳出去》，而且我也很感謝這些善意的照顧和引導，能夠幸運地降臨在我身上。

住院醫師第三年時，我造訪了華盛頓特區附近的美國國家心理衛生研究院（National Institute of Mental Health）。我在那裡遇到一位韓裔美籍的教授，對話中偶然得知，該名教授就是曾經幫助過前輩的那位導師。我興高采烈講述了前輩的事情，教授笑著跟我說：「沒錯，我當年是這麼說的。羅醫師也要盡可能多多幫助別人哦。」我告訴他，我絕對不遺餘力。還有，當年我在首爾大學的恩師，也非常欣然為我的第一本書《紐約精神科醫師的人類圖書館》寫了推薦序，給了我很大的力量。我從他人身上收到了好多像這樣，不計回報的善意，簡直過分幸運，所以我一直努力記得「Pay it forward」的精神。

我到美國已經將近十年，這段期間我遇到很多讓我受寵若驚的導師。很多人只因為我是韓國人，就出手幫忙我，如果沒有這些同門前輩、醫師前輩，以及韓國恩師的幫忙，還會有今天的我嗎？站在他們的肩膀上，我才得以看見更寬廣的世界，才能在學術方面更上一層樓。所以，我總是帶著過去所收到的善意，盡可能全心全意回覆每一位學生寄給我的郵件。我總是不斷在思考，要怎麼幫助這些跟我有緣分的學生。每當我指導的學生對我表達謝意，我都會想起恩師跟我說過的話：

「別想著要還我人情，去幫助其他後輩吧。」

我雖然期許，我的行為和建議是為了「把社會變得更美好」，但坦白說，我的目標沒這麼宏偉，我更多是「為了我自己」。準確來說，是為了我自己的心理健康。

我認為，對心理健康來說，最重要的兩樣東西，是「運動」和「社會連結」（社會支持）。應該所有人都感受得到，從家人、戀人、朋友和所愛之人身上得到的社會支持，會對我們的心理健康帶來正面的影響。再加上，有很多研究報告指出，「幫助他人或給予他人社會支持」，也會對心理健康帶來積極的影響。不知不覺間，現在已經輪到我來照顧別人了，在名為「Pay it forward」的良性循環接力賽中，不僅對受助者的心理健康有益，也有助於我的心理健康，同時也是在報答過去對我釋出善意、幫助我的前輩。

也許這一切聽來有些理想化。但我在想，如果很多人都願意在日常生活中實踐「Pay it forward」的精神，這世界會不會有所改變？「幫助」這個字，並不一定要像定期當志工或定期捐款這般偉大。對他人提供小小的社會支持，也會對我們的心理健康帶來正面的影響，就算不是實質性的幫助也沒關係。

舉例來說，由美國總統任命，俗稱「國家醫師」的時任美國醫務總監（Surgeon General）維韋克．穆爾蒂（Vivek H. Murthy）經常在演講時，推薦我們進行「感恩挑戰」。像是，我們可以每天投資五分鐘，在為期一週的時間裡，寫一封郵件或簡訊給一位曾經給予你大大小小幫助的貴人（家人、朋友、老師或同事都可以）。

「還記得兩年前，上課之前你把我叫出去，跟我說了一段話嗎？當時那句話，真的帶給我很大的力量，謝謝你。」

這一句話不只會為對方帶來力量，也能夠促進自己的心理健康。說不定，當時幫助過我的人，現在正面臨著困境，那麼這一小段的聊表謝意，也許會成為他重新振作起來的動力。用這種方式開始的善意接力賽，最終也許會成為契機，讓我們的世界變得更美好。我也經常跟《讓愛傳出去》的主角崔佛一樣，做著相同的夢想。

「不敢脆弱，就無法前進。無論是誰，想前進都離不開他人的幫助。失敗、軟弱、脆弱的身心靈，是我們和世界的連接器。
向世界發出訊號吧，告訴它：『我需要你，因為光靠我自己辦不到。』」

——擷取自 Netflix 紀錄片《史塔茲的療癒之道》

第3章

勇氣的真諦

人們常說，每個人都有三個自己：別人眼中的自己、希望他人眼中看到的自己、自己所認識的真實自己。這三種自己達成一致，才能成就出健康的自我。但說來簡單，實際上卻不容易。

我在第一本著作《紐約精神科醫師的人類圖書館》中，提過這種內在衝突。雖然書中的主角是我，但某方面說來，書裡的我並不是真正的我，更像是我希望他人眼中看見的我，或是理想中的我。我雖然沒有刻意美化自己，但寫作的時候肯定都有某個程度上的包裝。

這三個「我」之間的差距，在我出書之後自然更嚴重了。沒有親身見過我的讀者，當然會以為書裡的主角就是真正的羅鍾浩。不知不覺間，我成為了會以尊重和敬愛的角度看待患者、道德崇高的醫師。有一些推文稱讚我是「精神科裡的浪漫醫生金師傅」，還有一些學生看完我的書之後，寫郵件告訴我，希望自己以後也要成為精神科醫師。每次聽到這些言論，我都能感覺到，「真實的我」和「他人眼裡的我」差距越來越大了。

而且這個差距，又因為《劉 QUIZ》這個節目而大幅加劇。節目開拍的時候，劉在錫和曹世鎬提到我待過的學校和醫院。但實際上，我當時準備回覆他們：

「其實我還有很多不夠好的地方，人生中也有一堆失敗的經驗。我是受到很多人的幫助，才能走到今天這個位置。我只不過是個幸運的人罷了。」

但是在一堆攝影機面前，我那僵硬的嘴，卻不知不覺間失去控制，講了一些其他的話。節目上的我，充滿使命感，是為了防範自殺才成為精神科醫師，而且還在一個全韓國最受歡迎的綜藝節目上。節目播出之後我收到了很多郵件，很多人跟我分享他們的觀後感，但他們評論的都是「我想讓別人看見的羅鍾浩」，跟「真實的羅鍾浩」相差甚遠。

珍惜病人和防範自殺，大概是所有精神科醫師共同的願景。我只是因為幸運和貴人的幫助，順利通過了每個階段，積累了從客觀角度上看來還不錯的「履歷」罷了。其實我並不能言善道，只是節目組很會剪輯，我在學術方面也還有很長的一段路要走。但是藉由書籍、社群媒體、大眾媒體的推廣，我變得小有名氣，有時候我甚至還發現，我會因為他人的稱讚而自鳴得意。還記得某個早上，我偶然在一個談話性節目上，看到復活樂團的金泰源給予音樂界後輩的一番忠告。他說，自己出道十幾年了，直至今日，他還是會看著鏡子裡的自己，反問一句「你是真實的嗎？」自此之後，當我感受到「他人眼裡的羅鍾浩」和「實際的羅鍾浩」相差甚遠時，我都會問自己相同的問題。

「你是真實的嗎？」

《劉 QUIZ》節目播出大約六個月後，我到訪了韓國。那是我人生第一次參加除了書籍座談會以外的「輕談會」（talk concert）（按：韓國特有的表演形式，主要以交談和分享的方式進行）。這場聯合輕談會由我和大學時期的恩師兼《框架效應》和《Good Life》作者崔仁哲教授，以及《哭過，才知有幸福》和《很不錯的結局》（暫譯）的作者李知宣教授共同主持。他們兩位都是韓國的知名作家，出版過銷售十幾萬本的暢銷書籍。相形之下，我的分量遠遠比不上他們，讓我倍感壓力。十幾年前，我還沒搬到美國時，韓國本就沒有這種形式的活動，「輕談會」的概念對我而言很陌生。對於有人願意花金錢和時間來聽我說話，我也感到很不真實。輕談會的參加費用是一萬韓元，但幸好主辦這場活動的崔仁哲教授與首爾大學幸福研究所，準備了價值超過一萬韓元的便當盒小禮物，大幅減少了觀眾對於參加費用的負擔感。儘管如此，觀眾願意投資這麼多時間來參與，依然讓我感到壓力。我所傳達的訊息，能夠讓觀眾花費的這一、兩個小時值回票價嗎？會不會讓為了看二位教授，遠道而來的觀眾感到失望？我很擔心自己會不會成為教授們的累贅。

這些疑慮逐漸演變，我開始煩惱「在舞台上，我應該以什麼樣的形象出現？」直覺告訴我，我應該吹噓自己，好襯得上兩位教授。同時，對於透過電視節目和書籍認識我的觀眾，為了不辜負他們的期待，我應該要表現得浮誇一點。

但如果我這麼做，會不會讓真實的我跟他人眼中的我，差距越來越大？我能夠承擔這般的落差嗎？回過神來才發現，自問自答的我，就像是我念給女兒聽的伊索寓言《公牛與青蛙》。故事裡的青蛙，為了在其他青蛙面前誇大自我，把自己膨脹得跟公牛一樣大，最後卻把自己的肚子撐爆了。

經過一番深思熟慮之後，我得到的結論是，既然我曾經在 Sebasi Talk 的演講上，提過「展現脆弱的勇氣」，我也應該要毫無保留地呈現出自己脆弱的一面。所以聽著掌聲，走上台的那一刻，我下定決心：

「為了遵守我所說過的話，我要不增不減，呈現出最真實的自己。」

接著，輕談會在崔仁哲教授的主持下開始了。過程中，我經常語無倫次，也常常答非所問。關於有些問題的答案，我自己也還沒梳理好，所以含糊其辭。不過讓我驚訝的是，我卻非常享受，甚至忘記了時間的流逝。在回美國的班機上，我甚至會突然想起輕談會上發生的事情，不禁露出微笑。雖然我沒有傳達出什麼富有意義的訊息，表達能力也沒有比平時更出色，但感覺卻出奇的好。

仔細思考後，我的結論是，也許是因為我用「真實的自己」面對大眾，才能有這種感受。我才發現，原來在大眾面前展現真實的自己，其實沒有想像中困難，反而讓我更加從容自在。

所以在這本書裡，我也選擇誠實展現自我，盡可能不加以雕琢和美化。我之所以分享我的痛苦，並不是為了向各位傳達「雖然我也苦過，但我挺了過來，你們也辦得到」這種不負責任的鼓勵與華而不實的安慰。

我想表達的是，「當時的我很辛苦，但沒能及時獲得幫助，以至於讓那段時期的我，更加苦不堪言」。所以我希望這本書的讀者不要步上我的後塵。不需要刻意表現堅強，就展現出真實的你吧。更重要的是，我想聊聊我們的社會應該如何改變，才能讓大家彼此互相扶持，不要讓跟當年的我一樣辛苦的年輕人，只能繼續暗自神傷。我希望這個世界可以改變，讓所有人都可以毫無顧忌地展現脆弱，放心分享彼此的痛苦，成為不需要獨自躲起來療傷的美好世界。

坐在診間的另一端

在梅約醫學中心開始接受住院醫師第一年的訓練時，每天都像是戰爭。我第一次接觸到美國醫院的環境，當時我的能力甚至遠遜於美國醫學院的大學生。梅約醫學中心位於明尼蘇達州，那裡白人的比例非常高，十幾二十個人的醫療團隊會議上，我常常都是唯一的少數人種。所以在小組會議的時候，當然沒有人英文比我差，也沒有人比我對美國文化更陌生。上台發表的時候，我經常結巴，也常常因為想不起某個英文單字，非常尷尬。我還曾經在和個案晤談的過程中，誤會了個案想表達的意思，受到教授嚴厲的指責。剛開始在病房工作的時候，會診完病人後，教授看著我說了一句話：

「What do you make of that interview?」

這句話的意思其實是：「你剛剛的那場談話很糟糕。」令人好笑又悲傷的是，我根本不知道這句話是在罵我，我以為教授是在問我：「你剛剛的談話，是想問什麼？」接著我鉅細靡遺向教授解釋，我剛剛談話的時候，是出於什麼意圖問那些問題的。看著連自己被罵都搞不清楚的住院醫師，教授也只能乾笑帶過。在這個有如無頭蒼蠅的過程中，孩子也出生了，我完全抽不出時間照顧自己，也沒有這個念頭。

花了近一年左右，我好不容易適應梅約醫學中心的生活，但我又再度搬到紐約，這次還有比第一年更忙碌的日程在等著我。我曾經在三家醫院受訓過，其中貝爾維尤醫院是美國最古老的公立醫院，一千張病床裡，精神科病房就大約占了三百張，貝爾維尤醫院不僅是紐約精神科的象徵，也是歷史最悠久的醫院。曾經「貝爾維尤」這個單字，在紐約還被用來隱述精神疾病，所以說貝爾維尤醫院的精神科患者真的很多。

貝爾維尤醫院的座右銘是：「不拒絕任何患者。」這裡與其他大多數以「私人保險」作為衡量因素的惡名昭彰醫院不同，貝爾維尤醫院的營運經費來自於市政府，其他醫院絕對不收的病人，這裡全都接納。對於病況嚴重的紐約患者來說，這裡就像是最後的堡壘。所以這裡不只工作量更大，患者的症狀也非常嚴重，更加重了工作負擔。這裡可以看到一堆在明尼蘇達州從未見過的急性期患者，精神科急診室總是擠得水泄不通。不過貝爾維尤醫院的設施非常惡劣，跟梅約醫學中心完全不能相提並論。因為上述種種因素，在紐約大學度過第二年住院醫師的那段日子，我體感上覺得，我的工作壓力比在梅約醫學中心還大上了兩、三倍。

來到紐約之後，還有一件很新奇的事，很多同期的住院醫師都在接受心理諮商或精神分析。我明知道這一點，但卻依然以忙碌作為藉口，是第二年住院醫師中，唯一沒接受心理諮商的人。來到紐約大學大約半年過後，某位同期的住院醫師，在課堂開始前悄悄把我叫到了貝爾維尤醫院後方的公園。不知道是不是我當時的臉色看起來不太好，他問我：「你最近過得還好嗎？」我坦白告訴他：「最近精神跟肉體都很疲憊。」我們聊天的過程中，他單刀直入地問我：

「你有去心理諮商嗎？」

「沒有，我沒有空檔，所以還沒。」

「但你不是精神科醫師嗎？如果連你都不照顧自己的心理健康，那誰還會去做這件事？」

我不是不知道這個道理，但被同期一語擊中要害之後，羞愧感整個湧了上來。也許當時的我，心裡依然烙印著對心理治療與精神醫療服務的刻板印象。的確，當年在韓國讀醫學院的時候，我就算飽受憂鬱和焦慮所苦，也依然沒有跨越這道阻礙。不過在遙遠的異國他鄉生活，需要更大的勇氣，當時的我隱約感覺到，照顧自我身心健康的這件事不能再拖了。

美國大多數的醫院，都會提供便宜的精神科治療與心理諮商服務，給醫學院的學生和實習生。雖然美國的住院醫師不像韓國這麼忙，但每週工時依然比一般勞工長很多，平均為六十至八十小時，再加上經常要值班，身心靈壓力都偏高。美國醫生的自殺率比平均值高出一倍，是自殺的高危險群。所以醫院非常關心旗下醫師（特別是正在受訓的醫師）的心理健康，並給予很多支持。醫學院學生也是，經常接受心理諮商和精神治療。

多虧了醫院提供的服務，我才終於鼓起勇氣，開始和精神科醫師K諮商，一路持續了兩年半，直到我完成住院醫師的訓練。

好不容易相遇的K醫生，和我截然不同，他是一位頭髮已經花白的白人男性，他跟我的共通點，大概只有我們都是男性精神科醫師這一點。

回想起來，我雖然不知道我們八字合不合，但我們一起度過了兩年多的時光，也許就是那種看似格格不入、但其實意外合拍的關係。每當我遇到痛苦的事，我就很想快點跟K醫師聊天，當時我很期待跟他見面的時光。有某個人願意完完全全地傾聽我，我相信他不會對我說的話做出任何判斷，光憑這些信念，我心裡的痛苦似乎就消弭了許多。和K醫師一起度過的這段時間，我學到了很多方法，其中對我最有幫助的技巧，莫過於學會控制或釋放從二十幾歲後期就不斷困擾著我的焦慮，以及如何釋懷我不能控制的結果。每當我訴說著對未來的煩惱時，他總是會反問我：

「這個問題，你靠自己的力量可以控制嗎？」

「嗯……好像不行。」

「那麼，對你來說最好的方式是什麼？難道不是暫時關掉開關，不去在意你無法控制的部分，把注意力放在你能夠改變的事情上嗎？」

這樣子的對話，我們重複了好幾十次。所以，現在的我對未來感到焦慮時，我都會覺得耳邊響起了K醫生的聲音：

「這個問題在你的控制範圍內嗎？不行的話，就暫時拋諸腦後吧。」

沉迷過去容易讓人憂鬱，只關注未來會使人變得焦慮，所以說培養「活在當下」的能力，是管理心理健康最好的方式之一。這兩年半以來，我跟K醫師一起做了很多活在當下的訓練，經歷這個過程後，我的心靈肌肉也變得更結實了。

人們對心理諮商最常見的誤解是，精神科醫師和諮商師是人生的導師、是幫你找到答案的人。但諮商不是幫你找答案的過程，而是「幫助你了解自我」的過程。就好比健身教練能幫助你掌握正確的運動技巧，讓你即使獨自一人也能鍛鍊體魄；心理諮商能幫你培養心理的力量，讓你即使沒有心理師的陪伴，也可以從容應對生活上的挑戰。跟K醫生一起度過的這段時間，他幫我的心靈增肌，給了我契機，讓我可以更了解自己。多虧於此，長年困擾我的焦慮和憂鬱幾乎都釋放了。

除此之外，坐在診療室另一側的經驗，拓展了我看待精神科治療的視角。我體會到坐在精神科醫師面前的感受和經驗，顧名思義就是，我能夠以認知同理的方式，理解個案的立場，沒有比這個更棒的練習了。

每次和K醫師見面時我都在想，假如我在讀醫學院的時候，學校也有這種福利，事情會不一樣嗎？如果學校能夠告訴我們，我們可以選擇接受心理諮商或精神治療，醫院也能提供方便又便宜的精神治療服務，那當時的我是不是就不會這麼疲憊了？

求助，是我們的超能力

女兒出生的那天，是我人生最大的轉捩點。孩子出生後，我的人生迎來了嶄新的轉機。

我並不認為要跟對方有類似的經驗，才能夠理解他人。但是為人父母之後，我的人生跟以前有很大的不同，我經歷過很多沒有孩子根本無法想像的情緒，也學習到很多事情。孩子一天天長大，我很感謝能透過與她相處的各種點滴，成為更好的人。

女兒五歲的那一年，某天，我一如往常地幫從幼稚園回來的她洗澡，但她卻突然問我：

「爸爸，你的病人裡誰最有勇氣？是阿姨嗎？還是叔叔？」

「怎麼了？」

「要有勇氣才能當病人啊！他們不是去找一個不認識的人，請他幫忙自己嗎？」

她說這些話的表情跟心意真的太可愛了，我忍不住緊緊抱住她。大概幾個月前，我在 Sebasi Talk 演講「展現脆弱的勇氣」時，她跟媽媽坐在台下的一隅專心聽著我的演講，那段演講的內容，似乎在這一刻，突然浮現在她的腦海裡吧。

剛要把女兒送到美國幼稚園時，因為我們家平常只說韓語，要把不熟悉英文的女兒一個人丟在那，我一直很擔心。再加上家裡附近幼稚園的名額幾乎都額滿了，我們只能把她送到比她大一歲的班級。看著她比同班同學還要小一顆頭，我心裡實在充滿了愧疚。

開始上幼稚園不久後，她學會了一個新句子：「爸爸，我需要幫忙。」我推測她是在自己的小腦袋裡，把英文的「I need help」直接翻譯成韓文了吧。換句話說就是，孩子在美國團體生活學到的第一課是：「在需要幫助的時候，如何請求幫助」。對於從小被教育「堅強的人即便再苦也不會說出來」的我來說，這無疑是一種嶄新的衝擊。原來我們沒有必要獨自解決事情，也無法獨自解決事情。

倘若年幼時就學習到，請求幫助不是脆弱的表現，而是充滿勇氣的證明，那麼等孩子長大成為青少年，或是成年之後，在疲憊的時候，是不是也能更輕鬆地表達出自己的感受？所以說，每當女兒跟我說「爸爸，我需要幫忙」的時候，我真心非常感謝幼稚園提前教會了她如此簡單的道理。我希望我的孩子在疲憊的時候，不要獨自困擾，也可以輕鬆地向父母或朋友，毫無保留地吐露自己的心聲。等她長大成人，遇到無法獨自承擔的狀況時，也能夠隨時請求幫助。所以從女兒小時候開始，每當她表示「我需要幫忙」的時候，我總是像是她獨立完成某件事情一樣，給予她肯定，並回以溫暖的微笑。

事實上，勇氣的英文「courage」源自於拉丁文的「心臟」，也就是「cor」。除此之外，還有分析指出，「courage」這個單字起初是指「來自心裡話」，也就是「說出心裡話」的意思。

就像告白愛意需要勇氣，說出自己的心裡話，特別是談論內心的痛苦，也需要相當大的勇氣。像菲爾普斯和巨石強森這麼強悍的人，願意帶頭說出自己有精神疾病和憂鬱症，絕非偶然。我認為，他們的內在就跟他們的體魄和運動能力一樣強大，所以才能鼓起勇氣坦白。也許這個新時代下，最堅強的人應該是「可以展現自我脆弱」的人吧？如同公開承認自己患有憂鬱症的巨石強森所說：「請求幫助不是脆弱，而是我們的超能力。」

作為精神科醫師，我還有一個從小就想教導女兒的事：「向父母坦承自己內心的痛苦」。我之所以有這種決心，是因為我在診間、急診室、病房見到的小兒個案，他們帶給我很大的影響。原來無法表達自我內心的青少年，比我想像中多太多了，他們甚至無法向在身邊支持著他們的父母，表達自己的感受。化膿的傷口總有一天會爆發，我經常看到，明明在門診接受治療就可以痊癒的孩子，在遲遲無法獲得幫助的情況下，一直等到精神方面出了緊急狀況才被送到了急診室，最終住進病房。

但反過來想，一直忍到爆發憂鬱症這類的精神疾病後，才第一次要談論自己內心的痛苦，絕對不是一件容易的事。連輕微的憂鬱都難以啟齒，又更何況是沉重的痛苦？

所以說，我們應該開始培養家人之間日常心靈交流的文化。如果一個家庭，平常就能夠坦承彼此的感受，互相鼓勵。那孩子患上憂鬱症或是產生想自殺的想法時，才能更輕鬆地向父母坦承自己的感受。

話說回來，若家人之間，想針對心理健康方面暢所欲言，父母要先學會「變得脆弱」。如果要告訴孩子「不完美也沒關係」，那父母當然就要先承認「父母並不完美」，並向孩子傳遞這個訊息。但很多父母會下意識努力在孩子面前，呈現自己完美的一面。當然，父母也不可以毫無節制在孩子面前展現自己所有的情緒，子女還小的時候，父母應該給予孩子安全感，讓他們感覺被保護。但等孩子長大，比如上國中或高中之後，可能會面臨憂鬱症的風險時，我們或許有必要告訴孩子：「父母也是普通人，也有狀態不好的時候，並非完美無缺。」我認為這是家人之間，要對於心理健康暢所欲言的前提條件。

這世上不會有父母，在子女面臨心理或情緒困難的時候不想出手幫忙。但不管這份心意多麼強烈，如果子女無法向父母坦承自己的狀態，也無法請求父母的幫助，那父母永遠都不會成為孩子的力量。再加上，患有憂鬱症的大腦會讓人開始灌輸自己「我是他人負擔」的想法，如果沒有分享負面情緒的習慣，往往更容易選擇隱藏自己的憂鬱。

美國一位名為克里斯．格薩德（Chris Gethard）的喜劇演員，從十幾歲就開始患有憂鬱症和恐慌症，經常想要自殺。他坦承面對這些問題，製作了一部紀錄片《克里斯．格薩德：職業自殺》（Chris Gethard: Career Suicide）獲得了影評人和大眾的讚賞。後來格薩德在自己的部落格上發表了一篇文章，他說自己從十幾歲就飽受憂鬱症所苦，高中畢業之後，他意識到自己需要尋求專業的協助，但直到大學畢業，他依然沒有向任何人尋求過幫助。當時他最大的恐懼之一，就是「讓父親失望」。事過境遷後，父親聽到他對憂鬱症遲來的告白，說道：

「（如果你高中時向我吐露你有憂鬱症）我恐怕也不知道要怎麼幫助你……不過，我會為了找人幫助你，衝破任何的障礙。」

我也是一個孩子的父親，讀著格薩德父親的那句話，我內心一陣發麻，也許這世上所有的父母，都跟格薩德的父親一樣吧。當子女憂鬱到想放棄生命的時候，每個父母肯定都有一樣的心情。儘管父母可能不知道如何親自幫子女解決憂鬱的問題，但我們會竭盡全力找到可以幫助孩子的人。不過，這一切的前提都建立在，子女必須能向父母傾訴自己的痛苦。所以等我的女兒再大一點，有一段話，我一定要告訴她：

「內心痛苦萬分的時候，大腦總是讓我們開始擔心，我身邊的人會不會把我當成是一個包袱。大腦會欺騙我們，讓我們誤以為就算發出請求，也得不到幫助。但這些都是假象。爸爸身邊有很多人，只要我願意伸手，他們就會願意出手相助。所以我的寶貝女兒，如果妳心累了一定要告訴爸爸，好嗎？一封訊息、一句話或一通電話就夠了。爸爸和媽媽在任何情況下，都不會對妳有任何評價，也不會對妳感到失望。不對，應該說，願意向爸爸和媽媽求助的妳，比任何人都更值得我們驕傲。」

孩子教會我的多樣性

女兒剛上幼稚園的第一個學期，某天晚上，睡前她似乎有些欲言又止，支支吾吾後，她開口說：

「爸爸，我有話想跟你說。」

「什麼話？」

「我知道每個人都不一樣……但是不知道為什麼，我看到A就會覺得有點不舒服。」

我不知道事情的原委，進一步追問，但女兒依然無法好好說出自己為什麼感覺不舒服。隔天我送女兒去上學，正好看到一對父子走了過來，疑似是昨天女兒提到的那位朋友。我稍微靠近一點，觀察那位孩子，發現他有輕度的智能障礙。我先親切地向那位孩子的父親打招呼，我跟他說，我的女兒剛轉學過來，跟A同班。接著我要求女兒跟A打招呼，他們倆就這樣，並肩走進了教室。

當天老師例行傳了照片過來，我看到女兒掛著笑臉，跟A玩在一塊。看著照片的我，不由自主也露出了微笑。當天晚上哄女兒入睡的時候，我跟女兒說，早上爸爸看到A很高興，感覺他可以跟女兒成為好朋友，接著我含蓄地問她：

「A還會讓妳覺得不舒服嗎？」

昨晚支支吾吾，左思右想才說出口的那些話，似乎已經煙消雲散。女兒明快地回答我：

「不會，現在好多了。」

比起那些看起來跟自己有點「不同的人」，看起來跟自己相似的人，多半會讓我們感覺更舒服，這幾乎是一種本能，所以女兒一開始沒辦法準確說出原因，只能用「不舒服」來表達她的感受。對於女兒來說，她跟A之間在智力上有些許的不同，但其實這些「差異」根本無窮無盡，例如從最簡單的膚色、髮型、口音等等，不勝枚舉。也許對於其他沒見過東方人的孩子來說，第一次看到身為東方人的女兒，也會向他們的父母表達這份「不舒服」。

就像五歲孩子也會有這種感受一樣，對於「跟我不一樣的人」抱持戒心和不適，深深根植在我們的腦海之中。從演化論的角度來說，我們可以猜測，對於跟自己不同的人保持某個程度的警戒，也許有助於生存。但活在二〇二〇年代的我們，不能用演化論把偏見合理化。我想說的是，每個人從出生開始，也許就對他人懷抱著不同的看法。

想要打破這種成見，方法就是經常接觸和我不一樣的人，而且盡可能從小做起。就像「真人圖書館」計畫，讓我們可以像去圖書館借書一樣，借用各式各樣不同人的時間，彼此談話。這個計畫從丹麥開始，目前已經有八十幾個國家跟進，證明它的效果極佳。如今，越來越多人知道，想減少對他人的偏見，「見面談話，彼此了解」是最有效的方法。

我們一家人開車出門的時候，經常會播放有聲書給女兒聽。我通常專注力都放在開車上，不會太注意聽，唯獨有一本小說《奇蹟男孩》（*Wonder*）會吸引我繼續聽。但是我對故事內容的了解，僅限於聽到的那些片段，以至於我的腦海裡，有一部分的小說劇情根本不存在。所以當某個週末，女兒說她想去看《奇蹟男孩》電影時，我內心非常高興。雖然電影必須濃縮這本長篇小說，感覺省略了一些地方，但也足以傳達作者想透過這部作品傳遞的訊息了。

《奇蹟男孩》的主角奧古斯特，是天生患有罕見遺傳疾病的小男孩，出生之後經歷了二十七次手術。雖然他勉強保住了性命，卻得到了一張與他人十分迥異的面孔。電影剛開始的時候，女兒雖然已經聽了好幾次有聲書，知道故事的劇情了，但看到奧古斯特的臉蛋，她依然說自己很害怕，還遮住了雙眼。但她似乎很快就習慣了，她放下雙手，愉快地看完了整部電影。

奧古斯特出生之後，他的母親放棄了成為童書插畫家的夢想，一直陪著奧古斯特在家自學。但隨著奧古斯特到了入讀小學五年級的年紀，他的父母才決定，該幫孩子走向這個世界了，最終他們決定送奧古斯特去上學。這就是故事的起點。

送奧古斯特去上學的第一天，他的父母充滿擔憂，擔心他因為長相和他人不同，受到同學的戲弄或排擠。但奧古斯特的姊姊奧利維亞，對著拖拖拉拉不願走進學校的奧古斯特，說了一句悄悄話：

「你天生與眾不同，不必躲躲藏藏。」

果不其然，奧古斯特上學的第一天，就吸引了學校同學的目光，但並不是善意的目光。在紐約的名門私立學校，奧古斯特成為了被戲弄和嘲諷的對象，甚至還成為「傳染病遊戲」的犧牲品，只要摸到奧古斯特的身體，三十秒內必須要洗手。但在這種環境下，同學傑克和小夏依然熱情接受了他，在兩位朋友的幫忙下，他漸漸適應了學校的生活。

我們能在什麼程度上「不把差異視為差異」？電影《奇蹟男孩》雖然講述的是殘疾的故事，但同時也在談論「差異」這一件事。即便奧古斯特有殘疾，但他和其他孩子的差異，其實主要就在外貌上，也就是他的面孔。承如前述，我們日常上會遇到的「差異」除了外貌以外，還有人種、社會文化、經濟背景等等。

電影裡還有出於其他原因，和班上同學有所差異的角色。同班同學裡，主動真心接近奧古斯特的小夏，是一個膚色較深的女孩，這絕對不是偶然。奧古斯特的好朋友傑克，在這個富家子女齊聚一堂的紐約私校裡，因為家庭經濟因素領著獎學金。我想，不管是小夏還是傑克，正因為他們體會過跟主流的孩子「有所差異」，或多或少也經歷過朋友的「差別待遇」，所以他們才能用更開放的心態，去接受奧古斯特。

我在韓國社會長大，能夠遇到外國朋友的機會不多，一直到大學才第一次遇到殘疾的朋友。諷刺的是，在這種單一環境下身為「主流」的我，年過三十到了美國，而且在相對缺乏多樣性的明尼蘇達州裡接受住院醫師訓練，第一次成為了社會上的「非主流」。剛開始工作的第一年，我是眾多白人裡唯一的東方人。作為精神科醫師，我的第一位個案，曾在我早上查房的時候，針對我的人種，說了一堆頗具攻擊性的發言。一連串諸如此類的事件後，我深刻感受到自己在美國社會裡屬於少數人種，是社會的非主流。

紐約是美國人口組成最多樣化的城市，我帶著這些經驗，換到紐約大學工作後，深深被它所吸引了。在這裡，我才得以和許多與我膚色不同、文化相異的人彼此同理、產生共鳴。

但我總是有些遺憾，如果我可以在更年輕的時候，就遇見各式各樣的人，是不是會更好？如此一來，我的世界觀是不是會朝不同的方向拓展？這份遺憾自然而然轉化成了另一個想法。如今，我很感恩，我的女兒能透過校園生活，以及像《奇蹟男孩》這樣的電影，接觸到比我的童年更多元多彩的世界。奧古斯特帶著殘疾出生後，整個家都只能以他為中心，在這種氛圍下比別人更早熟的姊姊奧利維亞；家庭經濟上相對拮据，卻跟富家子女上同一所學校的傑克；從小就失去美軍父親的小夏……《奇蹟男孩》描繪了各式各樣的視角，讓我們充沛感受到登場人物背後那些看不見的故事。透過電影，我們間接感受到來自各種背景和環境的孩子，用各自不同的角度看待奧古斯特。我覺得，這是對我和女兒來說，最棒的同理心練習了。

每當在讀者見面會或演講上，有人問我：「要如何變得更有同理心？」我總是會回答：「看小說，是最簡單的方法。」不過同時，我也會反問自己，這樣的回答是不是太直白、太隨意。話雖如此，我又再次透過《奇蹟男孩》驗證了，一本好的小說或一部好的電影，絕對是練習同理的最佳工具。畢竟，能夠讓人身臨其境的藝術作品，會幫助我們更容易換位思考。電影中，校長提到：「奧古斯特不能改變自己的外貌，不過我們可以改變看待他的方式。」這句話在我的心裡餘韻繞梁。我相信，看完電影後，決定把這句話刻在心裡，實踐在生活中的人，絕對不只有我。

女兒出生後，身為父母的我做了幾個決定，像是：不要努力成為「最好的父母」、不論發生什麼事都不拿她跟別的孩子作比較、不要灌輸孩子效仿的概念，不要告訴她「要成為像誰一樣的人」。但看完電影之後，我跟女兒說：

我希望她可以成為像小夏一樣，能夠看見奧古斯特本質的孩子。當大多數的孩子都在欺負奧古斯特，玩著傳染病遊戲，說碰到奧古斯特不洗手就會得病的時候，小夏是唯一靠近奧古斯特，主動跟他握手，和他一起吃午餐的朋友。希望她也能成為這樣的孩子。

就這樣，女兒出生後的第六年，我第一次打破了自己的第三條原則。

每個人都是獨一無二的存在

退伍復學後，我曾經花了一個學期的時間，參與由大學生活文化院所舉辦的「改善人際關係計畫」。這個活動是以團體心理諮商的方式進行。我記得，當初是我的好朋友，從這個活動中獲得很多幫助，所以推薦給了我，再加上我是心理學系的學生，非常想體驗這種形式的心理諮商，所以懷抱著期待參與了這次的活動。

參加的同學目的五花八門，有著各式各樣的煩惱。有些朋友是跟父母之間有矛盾、有些是學業遇到困境，還有一些人是受到嚴重創傷，才來到文化院。當然，還有一些是跟「曖昧對象」之間的日常煩惱……總之主題比想像中更豐富。雖然每個人都來自不同的環境與背景，但這十幾名學生還是成為了彼此的諮商師。儘管我們之間依然存在著無法縮小的差距，也有一些難以同理的地方，但是有一個主題引起了所有學生的共鳴，那就是「自卑感」。

這麼多來自首爾大學的學生，竟然被自卑感所困，對當時的我來說，無疑是一大衝擊。當某位學生分享自己有關自卑感的經驗時，其他學生不但紛紛附和，也開口說了類似的經驗。我們小組裡，除了我以外，還有另一位復學的男同學，他具有領導能力，而且個性很爽快，經常擔任組長。他總是能在學弟妹分享煩惱的時候，給出令人印象深刻的解決方案或鼓勵，所以我也很好奇，他這次會給出什麼樣的建議。他若有所思了一會，開始分享起自己如何克服自卑感。

「當我感覺自卑，好像技不如人的時候，我就會開始尋找那個人有沒有什麼地方比不上我。只要我確認，我自己有一些地方確實比他更棒，我的自卑感就會減輕一些。」

大多數的學生都點著頭，認為這是個好方法。最先提出這個煩惱的新生，也對他的建議表示感謝。但是我卻對這個解決方法感到震驚，坦白說，這只是利用優越感暫時掩蓋自卑感的權宜之計罷了。優越感和自卑感就像硬幣的兩面，經常感覺自己比他人優越的人，肯定也常常感到自卑，因為這兩種情緒的本質都建立在「與他人比較，排列優劣順序」之上。從這個角度來說，利用優越感來抵銷自卑感的建議，不只無法靠近事情的本質，反而可能導致問題惡化。

我記得，那天有幾位學生分享了一些令人意外的事，我懷抱著訝異的心情結束了諮商。令人詫異的言論讓我驚慌失措，我雖然沒能公開表達自己的意見和情緒，但最根本的問題，「為什麼這麼多學生飽受自卑所苦」一直在我腦海裡揮之不去。那天過後，我思考了很久，一直到我當上精神科醫師，開始和個案接觸之後，我才又更深入地思考當年這個占據我腦海的問題。我在美國的個案，很少會談到自卑或比較心態，但是從韓國遠道而來的留學生或移民者，卻經常分享自卑所帶來的困擾。

相較於其他文化圈，自卑感是韓國人身上最明顯的特徵之一。不管在診間、線上或線下，感到自卑的人實在太多了。我在想，原因也許就出在「媽朋兒」（媽媽朋友的兒子）或「媽朋女」（媽媽朋友的女兒）這種字彙上。因為不管在家裡還是學校，我們都不斷地被比較。

媽朋兒和媽朋女典型呈現出了韓國的比較文化。我記得，我還住在韓國的時候，曾經為了向外國朋友解釋這個用字的意思，費了好大一番工夫。因為即使我單獨解釋每個字的意思，也沒辦法好好表達出這個字的語感。

從小被拿來跟媽媽朋友的兒女和爸爸朋友的兒女比較，這種事在韓國屢見不鮮。問題在於，在這種環境下成長的孩子，長大之後會自然而然拿自己跟別人比較。我不知道現在有沒有改變，但我小時候，學校會把第一名到最後一名的總排行榜，貼在教室後面的公布欄。我推測，這種養育方式和教育過程，造成了蔓延全韓的自卑感，以及相對的優越感。

我不願意把這個問題，單純歸咎在韓國人特別愛比較，非常愛慕虛榮等個人因素上。我認為最主要的原因在於，韓國社會的特性本身就容易讓人產生比較心態。例如住在美國的時候，我對於我的外貌並沒有什麼特別的想法。因為人種多樣化，誰長得帥、誰長得不帥的標準也很模糊。在人種和文化十分多樣的社會底下，本身就很難以比較。但到仁川機場下了飛機後，看到外貌相似的人們，從某個角度來說屬於「主流」的我，反而開始在意起了外表。換句話說就是，我認為韓國社會的比較文化，某個層面也大幅受到環境因素的影響。不過，當然另一方面還是來自於，韓國社會可以自由自在地評論他人外表，甚至是過分評論。我為了拍攝節目回到韓國，不到一個禮拜的時間，我幾乎每天都會聽到有關外表的評論，像是「哇，你長得就很會讀書的樣子」，甚至是「我們羅教授額頭真是波亮」、「鍾浩啊，你該吃（生髮）藥了吧？」這種關心我的言論。

在美國生活的幾年來，我幾乎沒有聽到任何有關外表的評價。然而到了韓國，我的外表卻突然成為了聊天的話題。我發現我不知不覺間，也變得畏畏縮縮。雖然還是有很多人稱讚我的外表，我也很感謝他們，不過這種讚美，肯定也會促使我們更加注意外表。

當社會對於外表、學歷、成功存在劃一理想化的標準，並且被這個標準主導了整體文化時，不只分類和排行會變得更容易，人們也更容易陷入互相攀比的誘惑之中。話說回來，不管再容易比較的環境，只要社會追求的價值夠多元，這種分類排序的文化也不會如此蔓延。遺憾的是，韓國社會同樣也缺乏多元價值觀。學生時期用成績來排行，只靠成績來評價一個人。二十幾歲中後段，就必須要找到一份「合適的工作」。現在雖然沒那麼嚴重了，不過到了「適婚年齡」結婚之後，還會有不能太晚生小孩的壓力。如果社會已經決定好了人生的「正確答案」，脫離規則的人就會被排擠，容易受到自卑感折磨。在只有單一標準的世界裡，就算是給出符合社會期待的答案、處於頂層的人，也容易持續仰望比自己更優秀的人，並因此感到自卑。在這種夾縫中，要靠著個人意志打破自卑的循環，其實根本力不從心。歸根究底，我們得走向尊重多元化的社會，問題的本質才能獲得解決。

不過，有沒有方法能夠立刻擺脫，每天都折磨著我的自卑感？這個問題我思考了很久，但除了基本的解決方法以外，我實在想不出什麼適合的建議。如果非得要比較，我建議不要跟別人比，而是拿「現在的自己」跟「過去的自己」比較。這個建議雖然聽起來很老套，但這是最基本也最根本的做法。

每個人的腦海裡，都會不斷冒出一些自己不喜歡的想法，「習慣拿自己跟別人比較」也是其中一種。當這些想法不知不覺出現的時候，可以有意識地換個方式思考。例如：「能和我比較的人只有我自己，現在的我跟過去的我比起來如何？」如果現在的自己比過去更好，就能獲得心靈上的慰藉。假如現在的自己反而不如以往呢？那就可以把這個當成跳板，賦予自己前進的動機。

美國充滿形形色色的人，在這個社會裡，尤其我身為精神科醫師，可以接觸到各式各樣的人。在過程中，我領悟到的一課是：「每一個人都是獨一無二，無法與他人比較的存在。」在診間裡，我深入了解每個人的故事，讓我深刻體悟到，每個人不只是外表，連個性、性情、成長環境、家族關係，徹頭徹尾都不一樣。

就算是外表形似的亞裔美國人，即使同樣身為韓裔美國人，也絕對沒有相同的兩個人，所有人都擁有千差萬別的故事。這些故事沒有好壞，就是屬於一個人獨一無二的經歷。我們不也是一樣嗎？再怎麼像我的人，說到底還是別人，跟誰比較都沒有意義。所以我希望，各位要記得，「跟他人比較」是最糟糕的習慣，會阻礙你獲得幸福。而認清「人只能跟自己比」，也許是微小的第一步，能幫助我們阻斷自卑這個惡性循環。

卸下防護罩，讓彼此連結

我二十幾歲的時候，也是朴智星選手在曼聯最活躍的時期。我們朋友總是不惜犧牲半夜的睡眠時間，也要收看朴智星選手的賽事。當時韓國吹起了足球熱潮，不過我對足球沒有太大的興趣，除了世界盃以外，不會特地花時間收看賽事。這樣的我，也許看上去有些特別。但是我很喜歡孫興慜選手，到現在我偶爾還是會收看熱刺隊的賽事。雖然有點莫名其妙，但我喜歡孫興慜選手的原因是，「他很愛哭」。

跟我同一輩或甚至比我年長的人，成長過程中應該都會一直聽到這句話，「男兒有淚不輕彈」。自古以來，傳統就認為「男子漢」就算再悲傷，也不會輕言掉淚，要把情緒往肚裡吞。但孫興慜選手卻經常在比完賽之後落淚，在訪談上也毫不避諱地表示，自己是多愁善感的人。他是絕佳的榜樣，證明了男人就算常哭，還是可以很帥氣，也能成為優秀的領導人。這就是我之所以喜歡孫興慜選手的原因。

就像「男兒有淚不輕彈」這句話所表述的，男性從小就會被嚴格限制，不能表達出自己的情緒，特別是悲傷。由於傳統對「男子漢」的期待，導致大多數男性，就算難過也不會掉淚，疲憊也不會喊累。大多數感到憂鬱的男性，會認為自己經歷的這份憂鬱「很不像個男人」，是因為「自己太懦弱」才鬱鬱寡歡。

這件事當然也會對健康造成偌大的影響。實際上，男性的預估壽命比女性更短，除了意外、工傷、吸菸、酒精等錯綜複雜的原因，自殺也是重點因素之一。有一點很特別的是，男性的自殺率普遍比女性高出兩到三倍，然而跟自殺有密切相關的憂鬱症發病率，女性卻比男性高出兩倍左右。

上述數據之所以互相衝突，主要有兩大原因。第一點：相較於女性，男性在試圖自殺的時候，往往會採取更致命的手段（但企圖自殺的女性數量大幅高於男性）。第二點：相較於女性，被診斷出憂鬱症的男性人數較少。換句話說就是，男性更排斥向他人或專家尋求幫助，以解決自身憂鬱的問題。考量到社會加諸在男性身上的標準，以及對於男性憂鬱症患者的刻板印象，這也許是理所當然的結果。所以男性出現心理問題的時候，不會仰賴他人，會在不尋求幫助的狀態下，試圖自行解決問題。針對男性自殺意圖的研究指出，「不能依賴他人的傾向」跟自殺意圖關係最為密切。

我在紐約大學醫院受訓的最後一年，一位年約五十，滿臉幾乎被灰色鬍子所覆蓋的猶太男子，來到了我們診所就診。第一次握手的時候，我先是被他強勁的握力給嚇到了，我甚至心想：「這個人是來打架的嗎？」我的手感到一陣麻痛，但我故作鎮定（搞不好我手都已經紅到露餡了），跟他一起走到了診間。他魁梧的身材，配上自信滿滿的步伐，令我印象深刻。

他說，他來自某個猶太人較多的地區，是那裡的拉比。他自豪地說，由他主持的教義課，總有超過百位以上的信徒參加。他的聲音充滿力量，也許是在數百位信徒面前宣教淬鍊了他，他說起話來滔滔不絕。

值得一提的是，我們診所專門治療「難治型憂鬱症」（對於抗憂鬱藥物反應不佳，持續出現憂鬱的症狀）。他已經去過多家精神科診所，依然無法治療憂鬱症，才被轉診到我們的診所。他從其他醫院帶來的病歷顯示，他雖然接受過好幾位精神科醫師的治療，但憂鬱症並無好轉。不過從他的外表看來，他似乎沒有任何憂鬱跡象。我聽著他說話，過了好一會終於開口問他：

「拉比先生，你最近有遇到什麼困難嗎？」

診間靜默了好一會，他突然在我面前哭了起來。像瀑布般傾瀉而出的淚水，浸溼了他濃密的鬍鬚。

「本來，我從出生以來都不曾卸下心房大哭。但很奇怪，只要我來精神科看診，就無法忍住這些淚水。所以我會為了不讓自己哭泣，在公共場合上，用更誇張的方式包裝自己。」

拉比說：「哭的話就不像個男人了。」還補充說道，自己因為憂鬱症的關係變成這副模樣，讓他感到自慚形穢。儘管他長期忍受著這份痛苦，備受折磨，但「男人就該藏好自己的情緒」的壓力，似乎依然束縛著他。

這種情緒內化的文化，只不過是在男性身上更明顯，並不代表女性就能從中脫身。一九七〇至一九八〇年代備受歡迎的日本漫畫《小甜甜》，韓文版的主題曲，歌詞一開頭就提到：「就算孤單，就算難過，我也不哭。我會忍耐、忍耐、再忍耐，絕不會哭泣。」從這點我們就能略知一二。

值得欣慰的是，社會正在慢慢轉變，女性和男性漸漸都能自由自在地說出自己的感受。除了菲爾普斯和巨石強森以外，澳洲游泳名將伊恩．索普（Ian Thorpe）和美國網球公開賽冠軍大坂直美，以及被譽為法國足球國家代表隊傳奇人物的蒂埃里．亨利（Thierry Henry）等諸多知名運動選手，都公開談論自己的憂鬱症、焦慮症和脆弱的一面。

運動選手的堅忍不拔，幾乎是所有人公認的事實。運動選手勇於坦承自己患有憂鬱症，正好強力反駁了「憂鬱是『精神懦弱』」的刻板印象，這也使他們的坦白更具意義。我們可以從這種現象發現，社會對於「堅強」的定義正慢慢改變。明明很痛苦卻佯裝沒事，絕對稱不上是堅強。脆弱和堅強在本質上並無不同，因為坦承自己的脆弱，需要鼓起偌大的勇氣。

這種分享自我脆弱的趨勢，並不只局限在運動選手圈裡，也蔓延到整個美國社會。例如，現在的社群媒體上，正在流行「脆弱挑戰」（The Vulnerability Challenge），很多人開始分享自己過去犯過的錯，還有一些難以向他人啟齒的往事。而職場和學校的氛圍也在改變，大家變得更願意分享自己脆弱的一面。

展現脆弱另一個最大的優點是「與他人連結」。脆弱不只能讓我們生命中真正重要的人（例如：家人、戀人、親近的友人）更了解自己，與可以信任的人分享脆弱的經驗，還能增進彼此的親密度。經歷過脆弱的人，反而在遇到挑戰的時候，會更有自信，擁有面對挑戰的力量。除此之外，這份自信還會提升我們的心理韌性，讓我們更能面對未來人生的難關。當然，我並不建議各位毫無保留地展現自己的脆弱，因為到目前為止，「不拿別人的脆弱當把柄」的文化還未普及。

儘管如此，在少數能夠信任的人面前，展現脆弱的經驗，確實可以為人生帶來幫助。比方說，製作出知名動畫《玩具總動員》和《腦筋急轉彎》的皮克斯工作室，旗下五位腳本作家每兩週會見一次面，分享彼此在公司遇到的困難，特別是那些難以向他人啟齒的事情。但就是走過這樣吐露脆弱的時刻，他們消除了對自我的懷疑，成長為充滿自信且獨立的腳本作家。其中還包含了皮克斯第一位女導演石之予。石導演回憶說，每兩週一次的脆弱會議，是她成功的關鍵之一。新冠肺炎席捲紐約的時候，對醫護人員的心理韌性和心理健康最有幫助的，莫過於是醫護人員之間互相分享脆弱的經驗了。

展現脆弱會幫助人們接受自己真實的一面。經歷脆弱不只可以讓我們擺脫「非完美不可」的社會壓力，也是自我療癒的過程，讓我們去接受真實的自我。我也透過執筆坦承內心的困境，從中得到療癒。

如果想從「只有你很累嗎？我也累得要死啊！」發展成「我以為只

有我很累，原來你也很辛苦。」或許我們最先需要的就是，分享脆弱的文化。只有先說出自己的困境和痛苦，對方才有機會同理。所以卸下防護罩，讓我們彼此連結吧。我相信脆弱是讓人與人彼此同理的鑰匙，也是我們邁向「compassion」的起點。

診間裡的那位拉比坦言，他不知道自己是這麼脆弱的人，所以他的自尊心不斷受挫。我拿了一張面紙，給流著淚，在我面前坦率展現脆弱的他。我跟他說：

「拉比先生，憂鬱症不是指證你脆弱的證據，也許是因為你長時間以來，太努力想讓自己變得堅強了。」

接受不完美的勇氣

二〇二三年十二月，正值歲末年終、節慶氣氛高漲之際，韓國傳來一則噩耗——李善均演員身亡。在備考醫大的時候，我很喜歡收看連續劇《白色巨塔》，從中認識了李善均這位演員。金明民飾演為了權力、不惜犧牲他人的張俊赫，他充滿魅力的演技雖然非常吸睛，但李善均飾演的崔道英，是一位只關心病人，純粹到彷彿只會出現在漫畫裡的醫生，他的演技同樣另人印象深刻。我甚至想：「等我以後當上醫生，我想成為像崔道英一樣的醫生。」當時的我是還沒踏進醫學院的菜鳥考生，他的演技賦予了我相當大的動力。後來，眾所皆知，李善均在多部韓劇和電影中聲名大噪，成為全國人民愛戴的演員。但就在他離世的短短幾個月前，他經歷了一連串足以讓他社死的羞恥事件。想起這段過程，他的離世又更讓人心痛了。我突然也回想起，同一年秋天，先行一步離開我們的馬修．派瑞（Matthew Perry），他以美劇《六人行》的錢德勒一角，而廣為人知。

馬修有嚴重的酒精和鴉片類藥物成癮，這是全世界眾所皆知的事實。所以在馬修離開不久之後，我就在社群媒體上連續寫了幾篇文章。這些文章是為了讓更多人知道，席捲美國的鴉片危機（一九九〇年代末期，普渡製藥公司〔Purdue Pharma〕推出了鴉片類止痛藥「奧施康定」〔OxyContin〕，並在舉國上下宣傳該藥物，進而引發了鴉片類藥物濫用危機。這個問題目前還是現在進行式，依然有很多藥物成癮和服藥過量死亡等止痛藥濫用的問題），並喚醒大家的警覺心，注意到毒品問題也漸漸浮出韓國社會檯面。這些文章被大量轉發，也受到媒體報導，收到了不少的關注。

但在寫作的過程中，以及看著這些文章成為話題中心的時候，其實我內心充滿了巨大的矛盾。原因很簡單，我不希望馬修在大家的記憶裡，只是一位因為突然身亡，進而喚醒大家對於毒品風險保持警戒的演員。我希望在大家的記憶裡，他是「充滿勇氣的人」。馬修之所以從很久以前就公然表示自己有成癮問題，原因沒有別的，就是因為他充滿勇氣，做出了選擇。

二〇二二年、馬修離世的前一年，他透過回憶錄，比任何人都更坦率、更舉細靡遺地坦白了自己有嚴重的成癮問題。對於一般人來說，這或許是難以理解的決定。像馬修這樣人氣和名聲兼備的人，難道不希望大家記得自己年輕時候受到萬千寵愛，外表最漂亮又帥氣的輝煌時期嗎？就算他希望自己在大家心中，永遠都是《六人行》裡那位充滿魅力的錢德勒，也不足為奇。

但馬修卻坦白了一切，選擇了一條會讓自己瞬間跌到谷底的路。與其把自己包裝得完美無瑕，他選擇分享自己的脆弱，傳遞希望給那些跟他一樣，正在受成癮問題所苦的人。他沒有選擇閃閃發亮的明星光環，反而決定傳遞勇氣與希望，告訴他們：「你不孤單，我們只要攜手，就能一起擺脫成癮。」所以我認為，馬修是比任何人都更誠實、更充滿勇氣的人。我希望他在大家的記憶裡，不要只是一位「因成癮問題而死的人」。

馬修在回憶錄裡形容自己是：「無計可施的自戀者」。不過事實上，他懂得同理，也知道如何幫助別人。他生前曾在訪談中提到：「我不希望自己死後，大家第一個想到的是《六人行》。如果有一個人來找我說：『我戒不掉酒，你可以幫我嗎？』我會毫不猶豫回答：『當然可以。』然後幫助他。我希望我死後，大家可以先想起這樣的我，而不是其他面向的我。而且我會在餘生中實現這個承諾。」

事實上，馬修不僅舉辦互助會（成癮者為了戒除癮頭，互相扶助的聚會）陪伴那些正在經歷成癮問題的演員。他甚至為了幫助更多深陷成癮困境的人，提供自己的房子作為復健中心。「成癮這頭怪物，靠自己的力量很難戰勝，但只要我們攜手並進就能戰勝它。」這是他在訪談的時候，經常掛在嘴邊的一句話。

不管是韓國或美國，社會依然對成癮，特別是毒品成癮抱持成見。就像在韓國，藝人涉及毒品會引發爭議一樣，在美國，一旦被查出有酒精或毒品成癮的問題，人們也會在社會上感到極度羞恥。我並不是在批評這件事不好，如果人類完全沒有羞恥心，就無法遵守法律秩序或道德規範，所以適當的羞恥心，是維持健康社會的必要條件。只是我希望各位要仔細想想，思考自己想選擇「什麼樣」的羞恥心。

史丹佛大學成癮精神科醫師安娜．蘭布克教授（Anna Lembke）在著作《多巴安國度》中，把羞恥心分成「破壞式羞恥」（destructive shame）與「利社會羞恥」（prosocial shame）。破壞式羞恥是指責某個人錯誤的行為，進一步把這個人逐出社會。反之，利社會羞恥是點出一個人的錯誤行為，把重點放在「給予他重新回歸社會的機會」，跟俗語所說的「恨罪不恨人」一脈相承。比起破壞式羞恥，選擇利社會羞恥最終才能讓我們邁向更好的社會，不是嗎？

這並不是說，我們不該讓他人感到羞恥。以毒品成癮為例，如果不給予非法吸毒者任何的社會制裁和處罰，單純把他們當成需要治療的對象，那麼社會的毒品問題可能逐漸惡化。我們當然有必要追究毒品成癮患者的法律責任，並對他加諸一定程度的羞恥感，但重點在於他們接受法律制裁後的發展。如果加諸破壞式羞恥在毒品成癮患者的身上，把他們排擠出這個社會，在社會失去立足之地，最終只會導致他們暗地裡更加仰賴毒品，整體社會的毒品成癮問題越演越烈。利社會羞恥的不同之處在於，讓這些人透過治療和復健，給予他們重新回歸社會的機會。我期望我們的社會，在批判某個人的時候，目的不是把「犯錯的人逐出社會」，而是「不再讓他重蹈覆轍」。

我們常因為別人的犯錯，爭先恐後地在他身上加諸破壞式羞恥。但是大家都知道，每個人一生中都會犯錯。如果毫無差別指責和嘲諷他人，從某方面看來，我們似乎站「人應該生而完美」這個非常岌岌可危的前提上。《紐約時報》在紀念馬修之死的專欄上也指出：「我們把某個人的錯誤，視為道德上的失敗。」如果可以放下這個令人窒息的前提，或許我們就能坦率地表達自己的脆弱，並包容他人的脆弱了吧？因此，我希望開啟有關脆弱的話題，讓大家思考如何原諒自己，進一步探討「寬恕他人」的這份力量。

二〇二四年三月，在奧斯卡頒獎典禮上，以主演電影《鋼鐵人》走紅的好萊塢演員小勞勃．道尼，首度拿下了最佳男配角獎。距離一九九三年他第一次入圍奧斯卡獎至今，時隔了三十餘年。他的獲獎對我來說特別有意義，因為小勞勃·道尼是年輕時飽受重度毒品成癮所苦，後來成功重反社會的例子。一九九〇年至二〇〇〇年代，他因為毒品成癮，無數次被逮補、監禁，也經常捲入各種負面新聞。小勞勃·道尼陷入了復發又復健的循環，最終靠著電影《鋼鐵人》東山再起。也許是他想起了這段過往，他的得獎感言是：「感謝我那段慘不忍睹的童年。」如果美國當年加諸破壞式羞恥在他身上，他可能永遠無法捲土重來，觀眾也看不到小勞勃·道尼優秀到值得摘下奧斯卡的演技，或許也無法看見由他主演的《鋼鐵人》。

承如前述，我曾經在 Sebasi Talk，以「展現脆弱的勇氣」作為演講主題，雖然收到很多好評，但也有不少負評認為：「在我們社會裡展現脆弱，反而會被當成把柄。」我在韓國長大，確實也有同樣的經歷，我非常能夠感同身受。這樣的回饋，也讓我想起了二十幾歲，緊咬牙關，拼命佯裝沒事的我。

如果不希望有另一個人，體驗跟我當年同樣的處境，這個社會是否該做出改變了？我希望我們的社會，可以不再把別人的誠實和弱點當作把柄，對他人指指點點，進步成能擁抱他人脆弱與痛苦的社會。馬修和小勞勃．道尼的療癒源自於原諒自己，我們社會的療癒也能夠從寬恕自己出發。

我相信如此一來，我們也更能夠去寬容他人。正因如此，我們不能以捨己為人的角度，強求人們寬恕他人。不過其實換個角度看，原諒別人其實也是在善待自己。許多研究結果指出，「原諒他人」不僅可以緩解憂鬱、焦慮、攻擊和成癮的風險，還可以提升自尊感，讓我們對生活感到滿足。原諒他人不只可以療癒一個社會，還能治癒自己，我們有什麼理由拒絕嗎？

人的一生中經常犯錯和失誤，然後在過程中不斷進步。這世界上沒有完美之人，不論是馬修或小勞勃．道尼，他們都不完美。而馬修一直努力想傳達這個經常被我們遺忘、卻又理所當然的事實。我會非常想念他在最黑暗的時期，依然充滿勇氣，為人們帶來歡笑與光芒。

「不管是今天或是明天，我們依然會不斷犯錯。但寬恕會讓我們少一點苛刻，成為更崇高的存在。」

這句話收錄在《紐約時報》的馬修追思專欄裡。我會把這句話刻在我的心裡，許久許久。

臉要保養，身體要保養，心更要保養

第一次收到綜藝節目《劉 QUIZ》的邀約，我一方面很開心，一方面又有點壓力。我知道這檔知名的綜藝節目，但一直到上節目之前，我都沒有完整收看過。我很擔心自己的個性不適合綜藝節目，為了緩解內心的擔憂，錄影前，我在 YouTube 上看了好幾集《劉 QUIZ》，看著超過十幾萬的點擊數，心想：「要是我上節目的那集，點擊也能破十萬就好了。」錄影的前幾個禮拜，我看到首爾大學精神健康醫學科的金朋年教授上節目，內心感嘆著：「哇，真是又有趣又感人。」當他提到「孩子是暫時來到父母身邊的過客」時，身為父親的我，心情也沉重了起來。

坦白說，我同時還搖了搖頭，很擔心「精神科醫師連番上陣，觀眾還會感興趣嗎？」結果老天似乎想讓我的擔心更上一層樓，YouTube 上，金明年教授的影片，短短幾天點擊輕鬆突破數十萬，而我依然只能祈求「還有一些人願意看我出鏡」。

老實說，上《劉 QUIZ》對我來說是一大挑戰。暫且不提上節目帶給我的壓力，要放下家人和工作，搭十四小時的飛機，只在韓國停留兩個晚上，日程十分緊湊。我甚至連回程都買不到直航的機票，只能搭轉機停留十八個小時以上的飛機回美國。更重要的是，「自殺」這個議題對韓國社會來說依舊敏感，是令人忌諱的主題。要在全國人民都在收看的綜藝節目上談論這件事，必須非常小心謹慎。我擔心，我會不會讓正在經歷心理困擾的觀眾更痛苦，害怕我的發言會傷到別人。我必須自我審查所說的每一句話，這對我來說，比表面上看來要困難許多。

有些人看完節目後，覺得我說話「句句斟酌」。他們的形容很貼切，因為我說話的時候必須思考，我的發言可能帶來的最糟糕後果。儘管這份工作舉步維艱，但我依然願意承受。因為我真的很想談論，對於那些決定輕生的人，我們的社會要負起什麼樣的「社會責任」。

我出鏡的那集，播出時間正好是美國的凌晨時分。早上一睜開眼，我看見許多友人的訊息，他們說：「聽到很多人說節目很好看，很感動。」雖然節目的分量比預期中短，不過整體來說，我覺得已經把我「想說的話都收錄進去了」，非常感恩。電視台的剪輯，讓深沉的議題不會顯得過於沉重，也不會過於輕浮，十分剛好。

沒過多久，令人吃驚的事發生了。YouTube 上好幾支我出鏡的片段，竟然累積了數百萬次觀看。剛開始我覺得很神奇，竟然有這麼多人收看我出鏡的節目。但比起點擊數，其實更令我開心的是觀眾的反應。YouTube 上的留言，每一字一句我都看了，對我來說都很珍貴。有人回覆說，他們看完影片後內心得到了安慰，還有人過譽地說，他們又獲得了繼續活下去的力量。我也收到很多封內容類似的郵件。甚至有學生寄了一封感謝信給我，她說：「看完影片後，過去曾經想要結束生命的那位小女孩，得到了許多安慰。」這些回饋讓我至今都覺得，我逼自己去上節目是一個正確的決定。

不過隨著時間流逝，持續增長的觀看次數和留言數，讓我有些驚訝。因為大多數的影片，就算初期觀看人數很高，但隨著時間流淌，觀看次數就不會再大幅增加了。我看到一篇分享說：「每當我很憂鬱或想死的時候，我都會重播這部影片，為自己打氣。」我才知道有不少人，會反覆觀看那集節目。我感到驚訝之際，韓國友人才告訴我，其實有很多人在低潮的時候，都會重複觀看有精神科醫師或心理學家出鏡的心理健康相關的影片。當時我才意識到「真的有這麼多人，在心理層面上承受著偌大的痛苦」。

認知到這件事之後，我觀察四周，覺得現在真的是「精神科醫師的時代」。不用說從很早期就活躍於電視圈的吳恩永博士了，其他很多精神科醫師，不管是在 YouTube 還是電視節目上，都獲得了許多關注。在書店裡，精神科醫師或心理學家的著作也登上了暢銷書籍的排行榜。

但是光從人們精神層面承受的痛苦，還不足以解釋這個現象。經過一番推測，我得出的結論是，人們確實很痛苦，就算情況已經有所改善，但精神科治療、心理治療、諮商的門檻，依舊非常之高。我在想，那些跟以前的我一樣，無法踏入這扇大門的人，是不是就算需要實質上的諮商或治療，也會透過影片或書籍，尋求「代理安慰」。我希望我的分析是錯誤的，但假如真的有這樣的情況，我想說的是，請務必去尋求專家的幫忙。

很多人常常用「內心感冒了」來形容憂鬱症。我知道這個說法，其實是在隱喻憂鬱症很常見，但我或多或少還是有些擔心，怕這個表達方式引起誤會。因為感冒可以放著等它痊癒，但憂鬱症不行。就好比你的手骨折了，不管你再怎麼看骨科醫師的YouTube頻道，你也無法期待手會自己接回去，精神疾病也一樣。如果你懷疑自己有憂鬱症或焦慮症，請盡快接收診斷，然後接受治療。韓國現在掀起了一股MBTI風潮，但其實更急迫的是，診斷自己有無憂鬱症或焦慮症的症狀，在必要時接受實質的治療。憂鬱症和焦慮症，都可以藉由心理諮商或藥物治療，獲得適當的改善。

大家應該都知道，身體有疾病最好盡快接受治療，拖得越久症狀越嚴重，治療成效也越差。要是放任癌症不管，等癌細胞轉移，預後就會變差；糖尿病患者如果延遲治療，嚴重的情況下，可能會失去手指或腳趾。精神疾病也是一樣，萬一放任憂鬱症不管，同樣可能危及性命。這也是為什麼，我要鼓勵心理很痛苦的人盡快接受治療。雖然說，這是很理所當然的事情，但就唯獨在精神疾病這個領域，特別難以實踐。我懂，因為我也曾經如此。只要社會對精神疾病與心理健康治療服務依然存在偏見，這些躊躇不前，不去接受治療的人們，就不會輕易消失。

相較於十年前我初來乍到的時候，我體感上覺得，美國對於心理健康服務的偏見減少了許多。很多人已經不把心理諮商當成「解決問題的方法」，而是用「自我管理」的角度切入。這種觀念不只局限在精神健康醫師身上，也廣泛流傳到普羅大眾心中。戀愛市場的變化，恰恰體現出了這一點。

著名交友軟體 Hinge 做了一個問卷調查，結果有超過九〇%的人表示：「比起沒在心理諮商的人，更希望自己交往的異性有在接受諮商。」另一個交友軟體 OkCupid 則指出，二〇二二年開始，有在自我介紹上表示自己正在接受心理諮商的人，比前一年多出二〇%以上。除此之外，在配對前所做的調查中，針對「是否認為心理諮商對人們來說有所幫助？

或有所必要？」的問題，回答「是」的男性比起回答「不是」的男性，收到「喜歡」的比率幾乎高出兩倍，配對成功的比率也多出一倍半。甚至有報導指出，有些男性會為了博取對方的好感，假裝自己有在接受心理諮商。

就像我們會去上教練課，鍛鍊身體肌群一樣，心理諮商相當於鍛鍊自己的心靈肌肉和免疫力，心理也是需要自我管理的一塊。從這個出發點來看，就不難理解了。就好比我們為了管理好皮膚狀態，會定期去皮膚科；為了保持好牙齒的狀態，定期去牙科報到一樣。為了心理健康，我們也要定期接受諮商或精神科的治療。我們的心靈，也有資格跟牙齒和皮膚一樣，好好重視。

聽說韓國的年輕世代，開始會公開談論心理健康相關的議題，對於接受心理健康服務的偏見大幅減少了。這其中少不了，曾經歷精神疾病的當事人、家屬、倡議者、心理健康專家的努力。我相信，現在依然存在的偏見，隨著時間推演會逐漸消失。現在回想起來或許有些難以置信，但過去我們對癌症，也曾經存在偏見。

比如美國以前，總是把Cancer（癌症）這個字，迂迴地說成：「C開頭的那個單字」（C word），人們還會隱瞞自己確診癌症和接受治療的事實。從現在來看，這件事雖然難以置信，但也說明了社會有一點一滴在進步。同樣的，我希望十年過後，二〇三〇年代的某一天，我在書裡和YouTube提到的這些事，都可以變成過時的說法，讓人們難以置信地說出：「什麼？以前有這樣過嗎？」

「我所定義的『連結』是一種能量。當我們感受到，有一個人真正地關心我、傾聽我，讓我覺得自己充滿價值，兩個人之間不帶有任何價值批判，可以互相給予，並且能夠從這段關係中獲得安慰與力量的時候，那就是存在於他們之間的能量。」

——布芮尼．布朗（Brené Brown）

第4章

為自己的心，
開一帖溫柔處方

在與崔仁哲和李知宣教授一起對談的輕談會上，有人問我，支撐我人生的三樣東西是什麼？我的回答是家人、健康，以及哀悼。我哀悼的對象之一，是二十幾歲的時候，跟我共度最多時光的朋友希洙。

「我已經進來安寧病房了，沒想到這裡也跟戰場沒兩樣。珍重再見，連我的份一起幸福下去吧。」

九年前，我從機場準備出發到美國的時候，陪伴我度過二字頭最多時光的希洙，透過手機的訊息向我訣別。剛踏上美國國土的第二個禮拜，又剛好在我出生的這一天，希洙天人永別了。生日當天傳來的這則噩耗，似乎是希洙最後的請求，要我別忘記他。我們年輕時充滿歡樂的回憶，瞬間褪了色。即便回想過去最幸福的回憶，也彷彿像是在確認希洙將永遠缺席的哀悼儀式。他離開之後，我二十幾歲的許多回憶都籠罩著悲傷。失去希洙後，我的生日也變成了希洙的忌日。至今，我的生日依然是快樂與思念共存的日子。剛來到美國就收到希洙的死訊，成為改變我人生價值觀的一大轉捩點。

「叫什麼哥啦，叫我希洙就好了。」

我們在大學歡迎會上第一次見面，希洙比我大一歲。我叫他「哥」的時候，這是他回應我的第一句話。我已經想不太起來，是什麼契機讓我們關係變得很好了。不過我清楚記得，我們很喜歡、也很重視彼此。

希洙對我來說就像「避風港」，他在學校前面的綠豆街租了一間房子，我們在他的房間，度過了無數個二十幾歲的夜晚。從幾乎每天都有酒局的新生時期，一直到大學畢業後去讀醫學院，每當我感到低潮時，我最常去的地方就是希洙的租屋。讀醫學院的時候，希洙是我唯一能稍微吐露自己有多心累的朋友。在他家熬夜聊天，可以稍稍安撫我疲憊的心靈。

希洙也是比任何人都更關注社會的政治系學生。他總是在思考，該怎麼做才能讓韓國社會變得更好。從我們還是新生的時候，他就常把「在這個沒有盼望的時代，我們要成為彼此的希望」這句話掛在嘴邊。二十年後的今天，每當我身心疲憊不堪的時候，我也會複誦這句話。奇妙的是，每次我這麼做，我就感覺年輕時的希洙彷彿在我身邊，為我帶來繼續前進的動力。

他就像一把火苗，一旦投入某件事，就開始燃燒自己，直到焚燒殆盡為止。也許正因如此，我很想念待在他身邊的那份溫暖，才會一直這麼想去到他的身邊。

是因為他總為了別人燃燒自己嗎？他才剛滿三十歲，就發現自己的身體裡，有一個巨大的癌症腫瘤。希洙確定罹癌的那天，看著接受治療後走出診間的他，我找不到任何一句適當的話，只是一直盯著地板。已經過了十年，但那天發生的事，卻彷彿就像昨天一般，如此鮮明。

把哀悼當成一場短暫的「旅行」，是對哀悼常見的誤解之一。我們以為，對方忽然間離世，經過一段時間後，等我們的情緒沉澱下來，思緒整理清楚後，又可以重新回到哀悼前的狀態，若無其事般過著日常生活，彷彿像去了一趟旅行一樣。但我們和已故之人是天人永別，所以哀悼其實是一個永遠的過程。所以說，比起用旅行來形容哀悼，我認為「旅程」這個字更貼切。我依然還在這個旅程裡，為希洙的離世哀悼，也許我一輩子都會為他哀悼。雖然我每一次哀悼的方式都不一樣，但我想一輩子記住他。

他已經離世十年了，不過到現在，希洙偶爾還是會出現在我的夢裡。不久前，我在開車的途中，突然想起我們年輕的回憶，內心一陣刺痛。突然想起希洙的那天，我必須要停下正在奔馳的車子，冷靜一下自己的情緒。

有一陣子，研究員認為哀悼的過程依序是：「否認↓憤怒↓討價還價↓沮喪↓接受」。這個理論至今在某個程度上依然有效，不過後來很多研究發現，哀悼的階段不是線性的，而會因人而異。事實上，經歷過的人應該都會同意，哀悼就像海浪一樣，就算已經走到「接受」的階段，且近期的情緒大多數也都處於平穩的狀態，悲傷還是會在某一天，毫無預告，如波濤般洶湧而來。

悲傷五階段對大家來說，應該是耳熟能詳，但其實背後還有第六階段——「意義」。人們在失去摯愛，經歷哀悼的時候，會期望自己可以超脫「接受」，找到更深層的「意義」。我也是在希洙離世之後，才獲得了人生最大的領悟。

希洙的離世，究竟教會三十歲的我什麼？我意識到，眼前的人生是有限的，所以說「當下」很重要，即便這個教訓聽來似乎眾所皆知。年輕的時候，《春風化雨》這部電影帶給我很多感觸，但我依然難以理解電影裡那句我聽到耳朵都快爛掉的「carpe diem」（拉丁語，及時行樂或活在當下的意思）。但希洙突如其來的離世，讓我痛徹心扉地體悟到那句我一直無法內化的真理。

二十幾歲後半段，揮之不去的焦慮感不斷折磨著我。雖然有很多成因，但最重要的還是因為，我的心一直嚮往著遙遠的未來。送走希洙之後，只要我的心又被未來所控制，徬徨佇足的時候，腦中就會自然浮現希洙的臉，讓我更能專注在「現在與當下」。希洙的遺囑是，要我連他的份一起幸福下去。而這也成為了我在失去他之後，支撐我在這個全新的世界，以及在美國這個新環境下，堅持下去的力量。就這樣，我的美國生活跟我對希洙的哀悼旅程，一起開始了。

「你為什麼想活下去？」

我是一個盡可能要求自己不忘初心的人。父母總是會跟我說：「對小事也要心存感激」以及「一定要表達你的謝意」。現在我年過四十，除了這些教導以外，我體會到比感恩更重要的是，「永遠不要忘記那份感恩的心」。

出版第一本書的時候，我深刻體會到無名作家的辛酸。當時有一家報社邀請我做一個跟書籍內容有關的採訪，只是我已經跟另一家媒體約好要做採訪，所以我拜託那家報社，能不能等我先完成那場採訪。對於在新創出版社出書的新人作家來說，每一個宣傳機會都很難能可貴，我不想錯過任何一場採訪，所以小心翼翼，祈求對方的諒解。但我的請求，徹底被拒絕了。

結果，我只拿到了《朝鮮日報》金智秀記者的採訪機會。這篇報導刊登在《金智秀的星際訪談》上，因為這篇報導引起的回響，我才得以受邀參加其他節目。我至今仍心懷感激。當年的我只是初次寫書的新人作家，很感謝願意用心閱讀，肯給那本書機會，並把書介紹給這個世界的所有人。

書出版不久後，一間位在西村，規模雖小但充滿信念，名為「日日好日」的書店，曾經宣傳過我的書。我記得，那應該是第一次，有書店在社群媒體上宣傳我的書。所以我一直想說，如果有機會，我一定要當面聊表謝意。書出版一年後，我又再度回到韓國。當時我向出版社表示，我有意在日日好日舉辦一場讀者見面會。由於當時，我已經上過頗具規模的電視節目，照理來說可以舉辦更大型的見面會，出版社也是這樣子建議我。但我告訴出版社，即使規模再小，我也想要在日日好日舉辦見面會，藉以傳達我的感激之情。

所幸書店也欣然同意。就這樣，時隔一年我回到韓國，才又能再度與讀者見面。因為書已經出版好一陣子了，再加上，之前在其他書店舉辦的讀者見面會影片，已經公開上傳到YouTube，所以在日日好日的見面會上，我只簡短介紹了書本內容，其他時間主要和讀者互動交流。現在回想起來，我在見面會上接觸的十幾位讀者中，有兩位讀者成為了我創作現在這本書的原動力。在那裡舉辦見面會，真是個好決定。

其中一位讀者，是見面會結束後，最先過來向我搭話的女性讀者。

「您好，我已經得憂鬱症好幾年了。父母不太理解我，我們之間的關係也變差了。我把您的書送給我的父母，他們讀完後終於開始理解我，我們關係也修復了許多。所以我想，我一定要來向您道謝。」

她沒有跟我要簽名，也沒有要求合照，簡短說了這段話，然後打個招呼，就轉身離開了。她來這場見面會，為的不是一睹作家本人，也不是想要聽我聊書，真的只是想來跟我說一句「謝謝」。這次又讓我體悟到了，書本有治癒的力量，是一個很寶貴的經驗。

另一個令我印象深刻的讀者，是在見面會中途提問的年輕女性。她幾乎坐在最後排的位置，她問我：

「請問，自殺是不好的嗎？」

一瞬間，我手足無措。我從來沒有想過，見面會上會出現這個問題。這位讀者接著問：

「我跟五個朋友，用您的書開了讀書會。您不是說，自殺不是『極端的選擇』，因為想自殺的人『並沒有把自殺當成一個選項』嗎？坦白說，我無法同意這個說法。我們所有人都同意，對於真正痛苦的人來說，自殺可能是走向快樂的選擇。」

我這時才知道，她的問題是什麼。以前，我只有在新聞或社群媒體上，才會接觸到年輕人的無力感和絕望感。這是我第一次切身感受到這件事。在見面會上，我很心痛，也很抱歉。最近韓國社會的中年危機，年齡已經下修到了四十六歲。不管怎麼說，身為一位剛踏入四十歲的老前輩，我對於我們創造出來的社會，或者說我們無法改變的社會，深感抱歉。我與那位讀者離得很遠，我雖然看不清楚她的樣子，但從她提出的問題，可以推測出，她可能也曾經考慮過要自殺。雖然我句句斟酌，但我依然慢慢地開口了。

我並不想去辨別，自殺這件事是「好」或「壞」，也沒有資格去做這種價值判斷。只不過，妳的所言讓我很心疼。我認為年輕人的自殺，以及想自殺的念頭，很大部分來自於絕望感，也就是「在現實生活中看不見希望」。而這種現象之所以產生，終究還是因為走在前方，打造出這個社會的老一輩人。聽到妳說，除了妳以外，所有朋友都有相同的想法，我真的感到很抱歉。

關於妳的問題，我在美國擔任住院醫師的時候，曾經跟某位社工合力把一位拒食的露宿者送進了醫院。那位露宿者說了一句話，跟妳的發言很像，他問我：「我沒有選擇死亡的權利嗎？」那位社工的個性很酷，他當時回答對方：「如果我同意你的論點，我還會選擇這個職業嗎？」我也差不多。我不認為自己有資格判斷自殺的對錯，但阻止自殺，對我來說就像一種信念。

我不認為自殺是個人的問題。對於人類乃至所有生命而言，生存近乎是一種本能。如果這個本能消失了，我們不應該去反思「為什麼」嗎？當然，有一些人並沒有受到社會結構太大的影響，單純因為精神疾病而有過自殺的念頭。但因為社會賦予精神疾病的標籤，導致很多人無法即時接受治療。考慮到這一點，我很難單純把精神疾病，看作是引發自殺念頭的唯一原因。歸根究底，如果人會走到想自殺這一步，社會與現實的環境的影響絕對不容小覷。我之所以主張自殺不是極端的選擇，終究是想表達，自殺不是個人的選擇，也不是意志力的問題，應該視為「社會責任下的死亡」。

基於這個觀點上來說，韓國的青少年和年經人的自殺率每年攀升，這是一種信號，代表社會的某方面出錯了。我們應該去了解是什麼原因造成這種現象，透過制度和文化來彌補錯誤，但我們的社會至今仍無法做到這一步。韓國老年人口的自殺率雖然每年遞減，但依然高到令人難以置信。最明顯的例子是，韓國七十至八十幾歲的自殺率，幾近於納粹統治下猶太人的自殺率。由此可見，韓國的老年人，承受著多麼巨大的社會壓力。據說經濟困頓是造成高齡族群自殺的主要原因之一。在這種情況下，社會不應該站出來，強化制度，保障老人基本的經濟條件，努力防範自殺發生嗎？自殺的意義不應該簡化成「個人的選擇」，也不應視為禁忌。自殺是韓國社會的縮影，是我們所有人都應該要積極制止的社會問題。正因如此，這社會需要有像社工或精神科醫師這類的人，基於職業信念，積極想挽救企圖自殺的人。

請恕我再重申一次，我不想對自殺做出任何評價。只不過，我想告訴有自殺念頭的所有人，你之所以有這個想法，並不是你的錯。千萬不要無故地怪罪自己「我有問題」、「只要我死了一切就結束了」，我希望你們不要用這種方式虐待自己。

我長篇大論地回答完之後，提問的讀者低著頭向我致謝。當時我完全不知道，我的回答對她而言有著什麼樣的意義。

後來我才知道，原來當時提問的那位讀者，是梨泰院踩踏事件的倖存者金炤瓏作家。經歷梨泰院踩踏事件後，她一直懷抱著自殺的念頭，為其所苦。她說，我在節目上的發言帶給了她安慰。我們在見面會上相遇不過幾個月後，她甚至出版了一本書《我是慘案的倖存者嗎？》紀錄她充滿創傷的倖存經歷。

我簽下第二本書的時候（也就是這一本書），有一段時間根本毫無進度。我雖然下定決心要寫書，卻一直找不到合適的動機。一拖再拖，不知不覺距離簽約已經過了六個月。我透過第一本書的出版社得知，她為什麼會在見面會上提出這個問題，也了解到這個問題背後的主角是誰。金炤瓏作家表示，梨泰院事件發生後，自殺的念頭困擾了她好幾個月，但那天聽完我的答覆後，想自殺的念頭少了很多。而且在聽到我說「自殺是社會責任下的死亡」後，她也下定決心，如果她身邊有人想尋死，她願意成為那個努力防止自殺發生的協助者，成為對方的「社會支持」。她大概不知道，她的這番話，成為了我繼續前進的力量。

回想起來，當時一直遲遲無法下定決心開始寫書，最主要的原因是找不到明確的目標。第一本書的目的，是減少我的患者身上的社會標籤；

第二本書的目的是把最真摯的安慰，傳遞給我的讀者。由於這次的目標不是那麼具體，導致我十分茫然。目標很模糊，壓力也隨即湧上。因為第一本書獲得了不少人的喜愛，我也一直不斷自我懷疑，害怕這本書會收到「不如第一本」的評價。

但是聽完金炤瓏作家參加見面會的心得之後，我下定決心「一定要完成第二本書」。就算受歡迎的程度不如第一本又怎樣，就算完成度不如第一本又怎樣？哪怕只有一個人看完這本書之後，可以跟金炤瓏作家一樣，自殺的念頭大幅消退、重新找回對生命的希望，對於一位精神科醫師而言，沒有比這個更有價值的事了。所以，我又重新開始寫作了。

沒有任何哀悼需要隱藏

艾瑪是我住院醫師的同期，她是個奇妙的女子，雖然身材嬌小，卻十分幹練。她也是同期裡面，精神醫學方面知識最淵博的人，所以總是很受同期的歡迎。每當我們需要精神醫學方面的知識，或思考什麼治療方式比較適合個案，她總是我們第一個想到的同期。

艾瑪心地很善良。剛到貝爾維尤醫院病房工作的時候，我簡直疲憊不堪，而艾瑪也是第一個靠近我、關心我的同期。我作為新手爸爸，要照顧小孩，再加上每天通勤三、四個小時，我總是累得像一顆洩氣的皮球。在這個狀態下，有一次查房的過程中，要向教授報告的時候，我突然感覺大腦當機了。我明明已經事先準備好報告的內容了，但腦筋卻突然一片空白，什麼話也說不出來。查房結束後，我感到很自責，懊惱自己剛剛很像個笨蛋的時候，不知不覺間，艾瑪來到我的身邊，她向我搭話：

「你還沒來這裡的時候……大概是上個月吧，我也有跟你差不多的經驗。」

雖然我覺得聰明伶俐的她似乎不會發生這種事情，不過光是她願意開口向我搭話，我就很感激了。多虧她，我也才能勉強重拾微笑。現在回想起這件事，都能再次感受到她對我的照顧，心裡總感覺暖暖的。

有一天，我登入 Facebook 後看到了奇怪的文章。我的直覺告訴我，艾瑪可能發生了什麼事。朋友不分你我，紛紛到艾瑪的 Facebook 上留言：「無法相信妳離開了。」雖然沒有人提到死因，但大家都大受打擊，從他們的訊息和文章的語調中，似乎可以隱約看出艾瑪死於自縊。當時是五月，是住院醫師第二年的尾聲。

艾瑪去世的隔天早上，PD召集了所有負責住院醫師教育訓練的教授，以及全部的住院醫師，我們慌慌張張聚集在一個巨大的講堂裡。由於紐約大學的特性，住院醫師會分別在不同的病房裡工作，第一到第四年的住院醫師齊聚一堂是很罕見的事。如果我沒記錯的話，那天可能是唯一的一次了。就這樣，總共八十名的住院醫師和數十位教授齊聚一堂。PD解釋，由於艾瑪突如其來的離世，基於擔心各位住院醫師，特意安排了這個場合。

接著，PD和其他兩位教授，一同坐上了擺放在講堂中央的椅子。紐約大學的精神科住院醫師，每週都會按照訓練年資，進行一小時的集體諮商，而那三位教授就是負責引導集體諮商的人。坦白說，後來的發展完全出乎我的預料。這三位教授，以八十位住院醫師作為對象，開始進行一場對話，彷彿是一場集體諮商。在這個場合下，大家自然分享起了艾瑪這段時間的故事，以及自己當下的感受。

一開始，主要的情緒當然是悲傷。第一天，很多住院醫師在談話的過程中哽咽落淚，講堂裡充滿著啜泣聲。

「艾瑪怎麼可以這樣？太過分了吧？」

有些人甚至還對艾瑪表達出憤怒。事實上，遭逢摯愛之人自殺，會讓人難以接受事實。因此，當事人對亡者感到憤怒並不罕見。

這場對話並沒有在一天之內結束。我們這些住院醫師獲得了可以按照自己的意願，暫停工作的權利。有意願的人可以繼續齊聚一堂，分享彼此的情緒。就這樣持續了一週，神奇的事情發生了。眾人的情緒，從一開始的悲傷，漸漸呈現出各式各樣的樣貌。有人分享了他和艾瑪以前的趣事、荒唐或可笑的事蹟，惹得所有人哄堂大笑。富有藝術氣息的朋友，主動唱起艾瑪喜歡的歌，還有人帶吉他為艾瑪獻上演奏。這一個禮拜裡，我們就這樣又哭又笑，為艾瑪哀悼。這是一場奇妙的經驗。除了分享情緒所帶來的情感宣洩以外，更奇妙的是，我感覺自己認識了過去不認識的艾瑪。以前的我只認識片面的艾瑪，但聽著其他人的分享，我感覺她越來越立體了。原本在我眼中，艾瑪的形象是單一的，卻因這些對話，她鮮明、生動了起來。

「原來艾瑪有這麼多不為我所知的一面。」

這個想法經常出現在我的腦海裡，我的感覺很奇妙，我似乎比艾瑪在世的時候，還更親近她。這種感覺還不錯。

這場哀悼並沒有停在這一個禮拜。一直到我們畢業之前，這兩年的時間裡，我跟同期每週都會透過團體諮商，一起共度這段哀悼旅程。當時負責帶領我們做集體諮商的教授跟艾瑪很熟，所以我們的對話裡，經常聊到艾瑪。

艾瑪的葬禮上有一張她兒時的照片，吸引了我的注意。那張照片裡的她，年約一歲左右，非常幼小。看到這張照片的我，突然感到痛心疾首。因為艾瑪小時候的樣子，和當時我十八個月大的女兒，身形跟笑容似乎交疊在了一起。我在團體諮商的時候提到：「我看到艾瑪小時候的照片，不自覺想到了她的父親失去女兒的心情。」結果所有的同期，包含教授在內都一起大哭了一場。但是在艾瑪離世不久後，我才發現，我一直在懷疑自己有沒有「悲傷的資格」。

「我不是艾瑪的家人，也並非艾瑪的摯友，我有資格這麼難過嗎？會不會有人覺得我太浮誇了？」

我猶豫了很久，並在跟同期的團體諮商時間裡，吐露了這則煩惱。其中一位同期回答我：

「怎麼會？你的悲傷是屬於你個人的情緒，不要把你悲傷的重量拿去跟其他人比較。不管別人說什麼，你都有傷心的資格。」

其他的同期也贊同他的說法。不對，應該不是說贊同，他們似乎完全無法理解我的思考邏輯。也許是因為在韓國，我總是習慣拿我主觀的痛苦跟其他人比較，然後隱藏著自己的痛楚。所以艾瑪離世的時候，我才會出現類似的擔憂。就這樣，我和同期互相對話和分享，我也越來越能堂堂正正，表達出我失去艾瑪的悲傷。

不僅是家人，如果範圍擴大到我們身邊親近的戀人、朋友、同事，其實因為自殺導致我們失去摯愛之人的事件，在韓國社會並不罕見。就像艾瑪的死對我們這些同期造成的影響一樣，即使不是至親好友，當有朋友或認識的人死於自殺，都可能對我們的心理造成巨大的衝擊。這也是為什麼，我們會使用「自殺者親友」這個更大範圍的概念，來取代「自殺者遺族」。

韓國過去二十五年來，一直是OECD國家中自殺率第一名的國家，就算把韓國形容成「自殺者親友之國」似乎也不為過。二〇二三年《韓民族21》與韓國心理學會的問卷調查結果指出，韓國人每四個人就有一人，曾經因為自殺而失去身邊親近的親人、朋友或熟識的人。在這個任何人都可能成為自殺者遺族或自殺者親友的世界，韓國社會對待自殺的態度，是不是也該做出點改變？

跟許多幫助自殺者遺族的民間團體和專家交流後，我得知了許多自殺者遺族在韓國所面臨的社會現實。雖然跟以前比起來已經改善許多，但韓國社會依然對自殺懷抱著濃厚的偏見，是遺屬公開哀悼的一大阻礙。韓國諸多的遺屬不僅無法公開哀悼，甚至還因為社會偏見，導致他們傾向隱瞞親友自殺身亡的事實。

我們沒有人試圖隱瞞艾瑪的死，對此遮遮掩掩。也許是多虧可以這樣毫無遮掩的公開交流，雖然她的死去是一場莫大的悲劇，卻不是需要遮掩，或無法開口提及，必須「埋葬在心裡的死亡」。就像朋友因為交通事故或疾病身亡一樣，我們不需要躲在暗處，而是可以正大光明一起哀悼她的離去。而且在體驗過公開哀悼所帶來的療癒效果後，我也深信韓國社會必須改變對自殺的看法。所以我才會在各大媒體和採訪中，故意提出「自殺」的議題，努力在公開場合談論這件事。當年，我對艾瑪父親的悲傷產生了共鳴，帶著這份心情，我把「讓韓國社會可以在光天化日下為自殺哀悼」，當成是我的另一個使命。就像《悲傷正在發酵》（暫譯）的作者，同時也是自殺者遺族的朴景任作家所說的，因為自殺而失去自己的愛人，不是一件需要隱藏的事，而是需要一起哭泣的傷痛。俗語不也說「分享悲傷，痛苦減半」嗎？願我們能夠親身實踐祖先的教誨，也希望人們對任何方式的死亡，都得以公開哀悼。

不久之前，車銀優上了《劉QUIZ》，主題是「送走如家人般的朋友」。他有時候面無表情，有時候強忍著突然漫上來的淚水，他跟劉在錫和曹世鎬分享了送走摯友文彬時的傷痛。當時文彬已經離世大約一年半。車銀優引用了一句韓劇台詞，剛好非常接近我想傳遞給這個社會的訊息，我一直把這句話放在心上：

「願所有經歷過失去的人都能找回內心的平靜，也希望這個世界再給他們多一點溫柔。」

我們可以成為彼此的一本書

「大腦中，負責掌管同理心的最重要區域是哪裡？」

在線上讀者座談會中，有人向我提出這個問題。在我回答這個問題之前，我想我應該先告訴各位，學者看待這個世界時，基本上都以「機率」作為出發點。也就是說，面對因果關係不夠明確的事情，我們不會給出肯定的答案，特別是大腦科學，因為未知的部分很多，所以我們會更加謹言慎行。儘管如此，我還是深吸了一口氣，接著回答他「我認為是」內側前額葉（大腦最前方的部位）。

小時候閱讀杜斯妥也夫斯基的小說時，我養成了一個習慣，用熟悉的好萊塢演員來帶入角色，以利想像。好比說，在閱讀《卡拉馬助夫兄弟們》的時候，我把布萊德．彼特帶入德米特里，把阿廖沙想成麥特．戴蒙。現在回想起來不只很幼稚，演員跟角色之間也幾乎沒有相似之處。不過，我還是想為自己辯解，一個國中生要看完這麼厚的一本書，必須帶入自己熟悉的外國人，才比較容易投入情感，更何況小說的故事背景發生在俄羅斯這種如此陌生的國家。雖然我用了小手段，不過對我這位韓國的國中生而言，俄羅斯的故事確實因此變得歷歷在目。當今的美國人，讀著《柏青哥》這本小說（按：由韓裔美籍作家李珉貞所作，背景從二十世紀初的朝鮮、二戰前後的大阪，最終來到東京與橫濱，描寫在日朝鮮人四代家族血淚史），看著一百年前地球另一邊的兩個國家所發生的事情，竟然也能深受感動，從某方面來說也是件很驚人的事。這些都多虧了人類同理的能力。

每個人與生俱來都有「同理的能力」，就好比每個人生來的智力、體力、情緒能力都不同一樣，同理的能力也會隨著遺傳和環境，出現不同的光譜。有些人可能有著卓越的同理能力，有些人卻同理心不足。正因為我們一出生就有著基本的同理能力，所以我們才能對《挪威的森林》裡的渡邊感同身受，也才能理解赫曼．赫塞的《德米安》。電影也一樣，當我們看著跟自己毫無共通點，像是吃了防腐劑一樣、凍齡的湯姆．克魯斯，我們也依然可以沉浸在戲中兩個小時，這些都要歸功於人類的同理能力。我們可以輕鬆同理跟我們毫無共通之處，來自遙遠國度的主角，隨著他又哭又笑，卻往往無法理解跟自己在文化、環境、外表上擁有諸多相似之處的人。為什麼會這樣？

雖然現實和虛構的差異，肯定會帶來影響，但我認為這其中還包含了「意志力的差異」。我沒有很喜歡提到「意志力」這個詞。就好比說，憂鬱症和自殺衝動，絕對都不是意志力的問題，成癮光靠個人意志力也非常難以擺脫，所以我完全不同意「任何事情都能靠意志力解決」這種說詞。但是在說到同理心的時候，我會傾向使用「意志力」這個詞。

讀一本書或看一部電影，都需要我們的意志力。為了讀書，我們必須暫時停下手邊的事情，全神貫注在書本上；為了去電影院看一部電影，我們必須放下成天習慣拿在手上的手機，專注地投入兩個小時、甚至更長的時間。要做到這些事，絕對少不了大腦內側前額葉的活化。

內側前額葉是我們發揮意志力，執行目標明確的活動時，會活化的部位。當然，大腦還有很多區域跟同理心有關，有些腦區，也會被視為是最重要的部位。不過不論同理能力再強的人，如果想理解他人，終究還是需要發揮「意志力」，基於這個原因，我才會在座談會上回答出「內側前額葉」這個答案。事實上，也有很多研究結果指出，內側前額葉損傷的人，同理能力會降低。

我的第一位門診個案，是名五十幾歲的白人男性。他在曼哈頓高級別墅擔任管理員（類似於大樓警衛的工作）。嚴重的酒精和古柯鹼成癮，加劇了他想自殺的念頭，所以他叫了救護車，送往貝爾維尤醫院的精神科急診。我在那裡見到了他。短暫住院治療後，他堅持在前一任住院醫師底下，持續接受門診治療與團體諮商，最終成功戒掉了酒精和古柯鹼。再轉由我接手之前，他早就是貝爾維尤醫院成癮門診的知名模範病人了。團體諮商的時候，他還會負責擔任領導的角色，總是帶著滿滿的能量，照顧其他痛苦的患者，就像老大哥一樣。當我從前一任住院醫師手上接手他的時候，他已經戒酒戒藥超過一年了，身體狀態很健康。就這樣，我們每個禮拜都見面，但是兩、三個月後的某一天，他跟平常有點不同，臉上有些漲紅。我簡單問候了他幾句，「這個禮拜過得怎麼樣？」「最近的狀態如何？」在這個過程中，他突然開口表示：

「醫生，我最近變得不太喜歡看電視。」

「為什麼？」

「因為政治。我看著電視就無法克制憤怒。」

當時是川普執政的第二年，他正在推動反移民政策，肆無忌憚地對移民者發表過激的言論。當時川普採取的立場、政策，大多都會讓移民者倍感威脅，所以包含我在內，大多數移民者都對川普很反感。他說完這句「無法克制憤怒」後，開始用著川普支持者過激的言論，批評起移民者。當時令我吃驚的原因有兩個，第一點，我從沒有說過自己是移民者，但他卻在明顯是東方移民者的我面前，說出那些刺耳的話語。聽著他充滿憤怒的言論，讓我回想起兩年前的某個夜晚。那個晚上川普當選了，當時我正在梅約醫學中心的急診室值班。

當天急診擠滿了恐慌發作和焦慮感爆發的病人。其中一位是在寵物救援ＮＧＯ工作的病人，因擔心川普當選後，政府會中斷對自家組織的補助，加劇了他的恐慌症狀，最後被救護車送了進來。當時大多數人都沒料到川普會當選，所以醫療團隊也是大受衝擊。比我大一屆的一位西班牙裔住院醫師，因大受打擊，隔天甚至缺勤。墨西哥人的主要語言是西班牙文，當時川普還用西班牙文嘲諷墨西哥移民者是「壞傢伙」（bad hombres），露骨地醜化移民者，把美國的許多問題歸咎在移民者身上，經常發言仇視移民者。我當時剛到美國不久，心裡也在想，如果川普當選，我的美國生活可能會變得很壓抑。而川普受到美國人青睞，成功當選的那一刻，「我是不受歡迎的存在」這種想法自然湧了上來，一陣挫折感和空虛感朝我席捲而來。不對，那個晚上，甚至還有一絲恐懼也悄然襲來。

喧鬧的夜過去了，那天凌晨，我結束值班在回家的路上，兩位看似是負責醫院清潔的年輕白人男子，跟我搭上同一台電梯。他們在電梯外頭吵吵鬧鬧，門一打開，他們看見了我，卻不約而同閉上了嘴。他們身著的T恤上，寫著川普二〇一六年總統大選的口號「MAGA」（Make America Great Again，讓美國再次偉大）。雖然他們在我面前什麼都沒說，卻藏不住臉上的幸福洋溢。電梯下到四樓這短短的時間裡，對我來說卻無比漫長。

「他們現在看到我，心裡面在想些什麼？」

那天晚上的記憶，如創傷般浮現，折磨著我。

第二個讓我震驚的原因是，我突然發現，那天跟該名個案的對話，是我第一次跟川普支持者談話。我一直莫名很害怕川普的支持者，我認為他們可能也很討厭我。我們對彼此只懷有模糊不清的印象，卻從未面對面交談過。回想起來，身為川普支持者的他，成為我的第一位病人，似乎是一個契機。後來，在每週一次，每次一小時的療程裡，我們多次談論到他充滿憤怒的話語。

他在布魯克林某個黑人貧民區裡長大，是當地唯一的白人。讀國小和國中的時候，班上曾經除了他以外，沒有其他的白人。他吐露，成長的過程中，他因為膚色而被排擠，甚至遭集體施暴。他曾經以為，只要讓皮膚的顏色變深，就不會再這麼常被欺負，所以跑去把皮膚曬得十分黝黑。他的父親是嚴重的酒精成癮者，動不動就對他動手。但父親在他中學的時候因肝硬化去世了。由於家裡只仰賴母親的收入，母親也沒時間照顧他。就這樣，他在貧民區裡長大，長大後庸庸碌碌，拼命糊口。他坦承，當別人不分青紅皂白，把他跟其他人混為一談，指責他享受著「白人特權」的時候，令他感到非常憤怒。

深入談話的過程中，他終於向我敞開心房。我們就像一般的精神科醫師和個案一樣，彼此連結，互相理解。我們最後一次見面晤談的時候，他留下了淚水。而我與他握手道別，轉身離開的時候，我內心的一隅就像是送走一位老朋友一樣，萬分不捨。

現代人透過社群媒體，選擇性觀看、閱讀、相信自己想看的東西。我們高度仰賴線上社群、社群媒體以及 YouTube 演算法，來認識這個世界。在這種現象下，輕輕鬆鬆就能封鎖跟我有不同想法的人。皮尤研究中心的問卷調查指出，八〇％的共和黨支持者認為，「民主黨被社會主義者所占據」。然而，八〇％的民主黨支持者認為，「共和黨裡充滿著種族主義者」。更有意思的是，人們會臆測政治立場和自己不同的人，認為對方厭惡自己的程度，遠超過自己對對方的厭惡。這樣的誤解也許是一種必然，因為人們根本不想和自己意見不同的人交談。不對，應該說是連見都不想見到。所以研究結果顯示，八〇％的美國人幾乎不跟政治立場不同的人當朋友。

我不知道韓國是否做過類似的研究，不過我想結果應該也非常相似。韓國的線上社群，依照年齡層、性別、職業清楚劃分的狀況非常明顯，搞不好情況還比美國更嚴重。

生活在極度分裂的社會底下，怎麼做才能減少心中的成見？怎麼做才能更進一步理解跟我意見相左的人？透過小說或電影練習同理雖然是個好方法，但其實最有效的方法，是直接和跟自己有著不同背景與看法的人見上一面，就像丹麥的「真人圖書館」計畫。如果做不到這件事，最簡單的方法也許還是利用「網路」。線上社群、社群媒體、YouTube 演算法造成的社會分裂，解決方法依舊也還是要靠網路。解鈴還須繫鈴人，不是嗎？

例如，你可以和不同政治立場的人成為社群媒體的好友。如果你是保守政黨的支持者，可以試著訂閱激進派的 YouTube 頻道。不同立場的內容的比例不一定要是五比五，就算只有九比一或八比二，也能防止我們的視野變得過於狹隘，最重要的是，這是很棒的同理心練習法。面對跟自己十分迥異的他們，每一句話當然都可能讓你感到不適。但如果把這當成「練習」的機會，不只能降低對他人的成見，又能夠訓練同理心。這麼一想，承受一點點不適，是不是也蠻值得的？這兩年來，我也在透過社群媒體練習這件事。藉此我才發現，我平常的交友圈有多狹隘和單一。

最近，我似乎越來越難遇到生活型態跟我不同的人了。孩子們從小只跟成長背景相似的朋友玩在一起，不同背景的孩子，一起在遊樂場玩耍的光景，不知不覺間儼然成了過去，大人也一樣。這正是我想透過各種社群媒體、部落格貼文、媒體採訪，傳遞給各位的訊息。

我們能不能把看一部電影、讀一本書所花費的精力，放在一個我們連飯都不想一起吃的人身上？如果可以把讀一本書所消耗的意志力，用來理解彼此；假如某位帶著意志力，看完這本書的讀者，可以對一個跟自己不同的人感興趣……

我們就可以成為彼此的一本書。

連結，讓我們變得更強大

如果要選出對「維持心理健康」來說最重要的東西，我會毫不猶豫選擇「運動」和「社會連結」。運動和社會連結，同時也是預防憂鬱症最好的自助處方箋。每當提到這個話題，經常會有人問我，「社群媒體也有助於社會連結嗎？」每次被問到這一題，我都會反問對方：

「不論是什麼關係都一樣，這取決於關係的品質。當你們精神上感到痛苦的時候，會想依靠社群媒體上認識的朋友嗎？這位朋友會認真傾聽你，花時間努力減輕你的痛苦嗎？如果你希望他立刻過來陪伴你，他會願意來嗎？倘若這些問題的答案都是：『是。』即使這段關係建立在社群媒體之上，那也肯定是一段有幫助的連結。但很多社群媒體上建立的關係，做不到這個程度，所以專家才會對社群媒體上的人際關係連結表示擔憂。」

從學術上來說，所謂孤單是指，「個人渴望的社會關係與現實層面存在落差，而感受到的主觀痛苦」。二〇二四年的韓國，顧名思義就是一個孤單的國家。三十年前不到一〇%的單身人口，已經占總人口數超過三〇%了。按照這個趨勢繼續發展，幾年後可能會突破四〇%。調查結果顯示，二十幾歲的族群裡，每十人就有六個人感到孤單。二〇二四年，十九至三十四歲的成人之中，有高達一六・四%的人表示「最近私底下沒有跟其他人見過面」，並且有一三・二%的人表示「情緒上沒有可依靠的人」。看到這個研究結果，我雖然意外，但也只能嚥下這份驚訝。

就像我必須默默傾聽川普支持者肆無忌憚的發言一樣，身為精神科醫師的我，只能每天養成習慣「傾聽不想聽的話」。不過有一句話，就連我也非常討厭，那就是：「韓國人本來就有憂鬱傾向。」

這是典型的檢討被害人。長期聽聞韓國自殺率特別高，很容易造成他人誤解，認為韓國社會總是很憂鬱，而且自殺率居高不下。但一九九七年外匯危機發生之前，韓國的自殺率並不高，反而還大幅低於ＯＥＣＤ國家的平均值。但外匯危機造成社會和經濟結構方面劇烈改變，韓國的社會也迅速發生了變化。經歷劇變後的共同體瓦解，也是自殺率上升不可忽視的原因之一。艾彌爾．涂爾幹（Emile Durkheim）是首位以學術的方式探討自殺的社會學家。他主張社會凝聚力越低，個人自殺的風險和社會的自殺率反而會上升。現代自殺研究權威湯馬士．喬伊納（Thomas Joiner）也有類似的看法，他認為「無歸屬感」（thwarted belongingness），也就是無法與他人連結或獲得他人支持，是自殺的主要原因之一。

《請回答》系列韓劇以一九九七年的韓國作為背景拉開序幕，後來又追溯回一九九四年，最後回到一九八八年。雖然這三部韓劇都大受歡迎，但我想其中最受大眾喜愛的應該是《請回答 1988》吧？劇中以女主角德善為首，描述她跟四位男性友人在巷弄間嬉戲的日常，而他們的父母相處模式就好比是一個大家庭。這部劇之所以特別受歡迎，可能就是因為，很多人都很懷念當年那種生命共同體的情懷。回想起小時候，我也像《請回答 1988》一樣，放學之後經常到遊樂場或操場，跟朋友一起玩耍，沒頭沒腦就跑到朋友家裡，朋友也會無拘無束地跑來我家玩耍。

「小時候如果跟哥哥這樣玩，媽媽總會叫我回家吃飯……但現在已經沒有人會再叫我回家了。」

Netflix 韓劇《魷魚遊戲》的最後一幕，尚佑和奇勳想像著，在小區裡和朋友一起無憂無慮玩到日落的時光，脫口而出了這句話。每當我想到，我再也看不見童年時的光景，心裡也難免覺得寂寞。到了二十一世紀的現在，像《請回答 1988》一樣，大家無憂無慮聚在一起，突如其來跑去朋友家吃晚餐再回家的時代，可能一去不復返了。出現在《請回答 1994》裡的大學下宿（按：類似於寄宿家庭）也都變成套房了。

所以，代表當今韓國社會年輕人的關鍵字，是「一個人」。一個人住、一個人吃飯、一個人在房間裡看 YouTube。但諷刺的是，即便是一個人，我們依然希望與他人連結，所以最終的產物就是線上社群。大學明日研究所的研究結果指出，MZ 世代中，有七〇%以上的人使用線上社群，其中將近一半的人每天都會上線。我認為這個社會現象反映出了，我們覺得獨處很舒服，卻又同時想與社會連結的矛盾。我記得，大學時期我短暫住過考試村，當時我也經常在學校的社群上尋找慰藉。我們透過社群媒體和線上社群，感覺自己似乎跟某個人有連結。但實際上，我們很難確認這些關係是否能夠給予自己真正的情緒支持。

美國前醫務總監穆爾蒂博士，把孤單定義成「時代的傳染病」。這表示孤單似乎並不局限於韓國，而是向全世界蔓延。遙遠的英國也在推行「社會處方箋」（social prescribing）計畫，由醫師為感到被社會孤立或孤單的患者，開立「社會連結」處方。獲得社會處方箋的患者，會轉介給受過訓練的志工，從他們身上獲取情緒支持。據悉，社會處方箋不只提升了心理健康，也改善了各種身體健康指標。因此，英國為了減少孤單問題，目標是在二〇二四年以前，為一百萬人開立社會處方箋。醫師為病人開立社交互動處方，從實際面上看來，穆爾蒂博士所謂「孤單是一種傳染病」的說法，好像又更貼切了。

在這個人人講究健康，追求「養身」的時代，如果有件事物，是比每天抽十五包菸，或是每天喝六杯酒還更傷害健康，大家恐怕避之唯恐不及。但萬一這個東西就像空氣一樣，不為肉眼所見的話，我們想躲也躲不掉。「孤單」就是一個看不見、容易被忽略，卻比十五包菸和六杯酒更傷害健康的東西。或許，我們應該有意識地幫自己開一張「社會處方箋」。比方說，久違地和家人通個電話、傳訊息問候老友過得好不好。如果情緒低落的時候，能找到可以依靠的人，人生也許就不會這麼岌岌可危了。

後記
讓我們脫下完美面具，釋放心中的脆弱

「什麼話是最棒的安慰？」

在《劉QUIZ》上，曹世鎬問的這個問題，沒想到後來也有許多人，常常問我同樣的問題。「想寫一本帶給人們安慰的書」，我懷抱著這份心情開始執筆，所以也深入思考過，什麼方法才能帶給人安慰。

坦白說，我至今仍然不知道，什麼話能夠帶來最棒的安慰。不過有一件事我很確定。一句好的安慰，絕對不會以「至少你還有……」開頭。換句話說就是，我們要注意，不要用自己的標籤，隨意評價他人的痛苦或當下的感受。因為痛苦的重量本來就無法比較。

不過事實上，很多人都會在無意間用這種方式安慰別人。好比說，憂鬱症患者談到自己悲傷的情緒時，你跟他說：「哎呦，至少你的身體很健康啊。」或者朋友在感嘆自己的身世時，你對他說：「至少你還有男（女）友啊」又或是「至少你的父母還很健康啊」之類的。大多數人會這麼說，都是基於想安慰對方的善意。但是，對聽的人來說，與其說被安慰，反而更容易覺得對方不理解自己的感受，導致他們遇到困難也總是選擇隱瞞，連面對親近的人都無法敞開心房。我們之所以不能展現脆弱，有一部分也出於這個因素。

我選擇以「我們需要社會連結」的訊息，作為這本書的結尾。但我也明白，若要真正透過「社會連結」，幫助我們找回心理健康與共同體意識，前提是有一個「能夠分享脆弱，脆弱不會被當成把柄的文化」。

寫這本書的時候，我總是提醒自己「想帶給讀者安慰」的初衷。最終，我的心意建立在脆弱之上。我相信，脆弱會成為治癒社會的良藥。

不知從什麼時候開始，我們似乎都習慣戴著面具過日子。原因有很多，因為我們擔心別人不能接受真實的自己，擔心展現脆弱會被抓到把柄……但為了掩飾自己的弱點，每天裝作一副很完美的樣子，一天撐過一天，反而會降低我們的自信心。韓國人之所以喜歡獨處，也許是因為工作的時候，總是要努力掩飾自己的弱點，只有獨處時才能做回「真正的自己」。一旦大家都在拼命掩飾脆弱，我們也許會一直失去彼此同理、互相療癒的機會。

所以說，我希望這本書能夠鼓勵每個人，去擁有「變脆弱的勇氣」，也願這本書能夠成為催化劑，讓社會接納這份勇氣。當有人露出脆弱的一面時，這個社會不會把這件事當成把柄，加以攻擊。大家能夠彼此同理，自在地交流。這時候的我們，不只會更寬容自己，也更能包容別人的錯誤。我希望，就算有人犯錯，這個世界不是加諸破壞式羞恥在當事人身上，讓他們陷入深淵，而是基於利社會羞恥，陪伴他們重建生活。

我希望大家「即使不好也沒關係」，能夠坦然接受這份「不好」。我能跟各位分享的「最棒的安慰」，就是「邁出步伐，開始朝著這樣的社會邁進」，這也將會是我們能夠繼續前行的動力。

這本書的出版，受到很多人的幫忙，首先是跟我一起完成這本書的文珠妍編輯，還有韓多慧組長、成基柄組長、裴瀚鎮經理，感謝 Dasan Books 團隊。我還想感謝，所有喜歡我的第一本書《紐約精神科醫師的人類圖書館》的讀者，沒有你們，這本書不可能問世。與此同時，我還想感謝 Almond Book 的李恩靜代表，協助我完成了第一本書。回想起來，新人作家筆下這麼一本樸實無華的書，能夠如此廣為人知，真是有如奇蹟降臨。我想感謝促成這份奇蹟的金智秀記者、Sebasi Talk 的具凡峻代表與尹成雅企劃，謝謝金賢廷主播、金岷植製作人，還有《劉 QUIZ》的製作團隊。感謝第一本書出版之後，為我擔任最佳宣傳大使的朋友，還有願意借我巨人肩膀的所有恩師，以及提供「compassion」給我的所有人。更要感謝我背後最棒的後援隊——我親愛的老婆、女兒、父母以及家人，我對你們的愛沒有盡頭。

最後我想說，如果此時此刻的你，正因為憂鬱症或自殺的念頭而感到痛苦，我想告訴你，你不孤單，一定要尋求親友或專家的幫忙。哪怕只有一位讀者，看完這本書能夠鼓起勇氣，尋求其他人的幫助，那就說明這本書已經盡到它應盡的任務了。

參考文獻

第1章　焦慮，奪走了我的心靈方向盤

1. Rogers, C. R. (1957), The necessary and sufficient conditions of therapeutic personality change, *Journal of Consulting Psychology, 21*(2): 95–103

第2章　現在，可以停止自責了

1. Ryan, R.M., & Connell, J.P. (1989), Perceived locus of causality and internalization: examining reasons for acting in two domains, *Journal of Personality and Social Psychology, 57* (5): 749–761.

2. Lilienfeld, S.O., Lynn, S.J., Namy, L.L., & Woolf, N.J. (2010), *Social Psychology, Psychology: A Framework For Everyday Thinking*, Pearson Education.

3. Abramson, L.Y., Seligman, M.E., & Teasdale, J.D. (1978), Learned helplessness in humans: critique and reformulation, *Journal of Abnormal Psychology. 87* (1): 49–74.

4. Na, P.J. Tsai J., Southwick S.M. et al. (2022), Provision of social support and mental health in U.S. military veterans, *npj Mental Health Res 1*: 4. Brown, S. L., Nesse, R. M., Vinokur, A. D. Smith, D. M. (2003), Providing social support may be more beneficial than receiving it: results from a prospective study of mortality, *Psychological Science. 14*:320–327.

第3章　勇氣的真諦

1. Gethard, C. (2020), How will I explain my HBO special to my son?, https://humanparts.medium.com/how-will-i-explain-career-suicide-to-my-son-f4ce98ceea5b.
2. Woolf, J. (2024), How Pixar fosters a culture of vulnerability at work. *Harvard Business Review*, https://hbr.org/2024/03/how-pixar-fostersa-culture-of-vulnerability-at-work.
3. Woolf, S.H. & Schoomaker, H. (2019), Life expectancy and mortality rates in the United States, 1959-2017, *JAMA; 322* (20): 1996-2016.
4. World Health Organization (2014): *Preventing suicide: a global imperative*, World Health Organization, Geneva.
5. Pirkis, J., Spittal, M.J., Keogh, L., Mousaferiadis, T., Currier, D. (2017), Masculinity and suicidal thinking, *Social Psychiatry and*

Psychiatric Epidemiology; 52: 319-327.

6. Havrilesky, H. (2023), Matthew Perry told the truth about everything, *New York Times*, https://www.nytimes.com/2023/11/06/opinion/matthew-perry-shame.html.
7. Baskin, T.W., & Enright, R.D. (2004), Intervention studies on forgiveness: A meta-analysis. *Journal of Counseling & Development, 82*(1), 79–90.
8. Wade, N.G., Hoyt, W.T., Kidwell, J.E., Worthington, E.L. Jr. (2014), Efficacy of psychotherapeutic interventions to promote forgiveness: A meta-analysis, *Journal of Consulting and Clinical Psychology, 82*(1),154.
9. Lembke, A. (2022). *Dopamine Nation: Finding balance in the age of indulgence*, Dutton.

10. Krueger, A. (2022), Seeking relationship, therapy required, *New York Times*, https://www.nytimes.com/2022/07/30/style/therapy-dating.html
11. McCombs, E. (2023), Why is every man on dating apps suddenly ‘In therapy’? It might not be a good thing, *Huffpost*, https://www.huffpost.com/entry/dating-apps-men-therapy_n_6313c074e4b0ed021de88c87.

第 4 章　為自己的心，開一帖溫柔處方

1. Kessler, D. (2019), *Finding meaning: The sixth stage of grief*, Scribner.
2. 金炤瓏 (2023)，《我是慘案的倖存者嗎？》，Almond。
3. 韓民族21，韓國心理學會，〈自殺者親友之國〉企劃報導。

4. 朴景任 (2023)，《悲傷正在發酵》，Hunhun。
5. Jankowiak-Siuda, K., Rymarczyk, K., Grabowska, A. (2011), How we empathize with others: a neurobiological perspective, *Medical Science Monitor Basic Research, 17*(1):RA18-24.
6. American Enterprise Institute. (2021), The state of American friendship: Change, challenges, and loss.
7. Pew Research Center (2020), Survey of U.S. adults conducted July 27-Aug 2, 2020.
8. PRRI Staff (2020), Dueling realities: Amid multiple crises, Trump and Biden supporters see different priorities and futures for the nation.
9. Konrath, S.H., O'Brien, E.H., Hsing, C. (2011), Changes in dispositional empathy in American college students over time: A meta-analysis, *Personality and Social Psychology Review. 15*(2):

180-198.

10. Holt-Lunstad, J., Smith, T.B., Baker, M., Harris, T., Stephenson, D.(2015), Loneliness and social isolation as risk factors for mortality: Ameta-analytic review, *Perspectives on Psychological Science. 10*:227-237.

11. 韓國統計廳 (2024)，單身家庭比例，https://kosis.kr/statHtml/statHtml.do?orgId=101&tblId=DT_1YL21161&conn_path=I2.

12. 韓國青少年政策研究院 (2024)，青年貧困現況與自立安全網體系建立方案之研究報告。

13. Macromill Embrain (2024)，孤單相關認知調查。

14. Durkheim, É. (1951), *Suicide: A study in Sociology*. Free Press.

15. Van Orden, K.A., Witte, T.K., Cukrowicz, K.C. et al. (2010), The interpersonal theory of suicide. *Psychological Review. 117*(2): 575-

600.
16. 大學明日二十歲族群研究所 (2021)，MZ世代線上社群使用現況。
17. Roland, M., Everington, S., Marshall, M. (2020), Social prescribing—Transforming the relationship between physicians and their patients, *New England Journal of Medicine, 383*: 97-99.
18. Murthy, V. (2023), Our epidemic of loneliness and isolation: The U.S. Surgeon General's advisory on the healing effects of social connection and community.

你需要的不是堅強，而是不再假裝沒事

만일 내가 그때 내 말을 들어줬더라면

你需要的不是堅強，而是不再假裝沒事 / 羅鍾浩（나종호）著；蔡佩君 譯 . – 初版 . -- 新北市：大牌出版，遠足文化發行，2025.07
272 面；14.8×21 公分
譯自：만일 내가 그때 내 말을 들어줬더라면
ISBN 978-626-7600-99-3（平裝）
1. CST: 自我實現　2. CST: 自我實現
177.2　　114008179

作　　者　羅鍾浩（나종호）
譯　　者　蔡佩君
主　　編　呂佳昀

總 編 輯　李映慧
執 行 長　陳旭華（steve@bookrep.com.tw）

出　　版　大牌出版／遠足文化事業股份有限公司
發　　行　遠足文化事業股份有限公司（讀書共和國出版集團）
地　　址　23141 新北市新店區民權路 108-2 號 9 樓
電　　話　+886-2-2218-1417
郵撥帳號　19504465 遠足文化事業股份有限公司

美術設計　朱疋
排　　版　新鑫電腦排版工作室
印　　製　博創印藝文化事業有限公司
法律顧問　華洋法律事務所　蘇文生律師

定　　價　420 元
初　　版　2025 年 7 月

電子書 E-ISBN
9786267600955（PDF）
9786267600948（EPUB）